조광일 엮음

마음을 움직이는 지렛대

도서출판 경남

| 책을 펴내면서 |

덕담을 하면 그 말이 최면이 되어 좋은 일이 생기고 그 긍정의 힘을 통해 자기 발전에 더욱 힘을 쏟는다고 합니다.

그다지 긴 세월은 아니었지만 마산합포구청에 몸담아 일하는 동안 서로 만나서 마음을 나누고 덕담을 주고 받으면서 우리 일상에 작은 꽃과 향기가 되어준 내용을 정리하여 책으로 엮어보았습니다.

이 책자를 펼칠 때마다 마음에 양식이 되어 준 좋은 말과 글을 새록새록 떠올리면서, 자기 일상을 뒤돌아보면 삶의 의미를 깨달을 수 있을 것이라는 동료들의 제의로 말입니다.

이 책자에 실린 글의 내용은 필자의 사상이나 감정, 지식과는 거리가 멉니다. 매주 개최한 간부회의 때마다 우리 구성원 모두 자기성찰의 기회를 삼고자, 선현과 현인들의 지혜와 깨달음 등을 주제로, 당면한 구정 현안 과제와 연계하여 재구성한 것입니다. 따라서 엄격히 말씀드려 제가 지은 글이라기보다는 신문이나 책 등 여러 자료를 보고 느낀 소재들을 재해석하여 꾸며 엮은 책에 불과합니다.

부디 여기에 수록된 내용이 우리의 삶과 생의 가치를 한번쯤 되새겨 보는 계기가 되고, 구성원과의 끈끈한 유대를 형성하는데 도움이 될 수 있다면 더할 나위 없는 보람이 되겠습니다.

또한 이 책이 나오기까지 많은 성원과 격려를 아끼지 않은 동료들, 꼼꼼하게 교정을 봐주신 《경남문학》 편집장 강현순 선생님, 도서출판 경남에 감사드립니다.

2011년 7월
구청 출범 1주년 되는 날에
조 광 일

차례

002 | 책을 펴내면서

첫 번째 지렛대

010 | 마산합포함의 순항을 기원하며
013 | 생명과 만찬의 법칙
015 | 꿈을 통해 영감을 떠올리고 해결책을 찾아보자
019 | 부정적인 기억으로부터 감정의 에너지를 털어내자
023 | 인지적 구두쇠
026 | 합리적인 사고와 균형 잡힌 시각으로 사안을 바라보자
029 | 매미의 5덕五德을 실천하도록 노력하자
033 | 분별 있는 걱정은 하되 '반드시 정신'을 경계하자
035 | 노후를 대비한 다섯 가지 불안, 지금부터 대책을 세우자
040 | '균형이론'에 입각한 행정을 펼쳐 나가자
043 | 환경에 맞게 습관을 새롭게 형성해 보자
046 | 더불어 살아가는 지혜를 가지자
049 | 모르는 것은 모른다고 말하자
052 | 정토와 삼매
056 | 다하지 않는 것, 남겨두는 것이 오히려 미덕이다
060 | 여유를 가지자, 그리고 자기의 일을 즐기자

두 번째 지렛대

064 | 닻 내림 효과anchoring effect

066 | 수오守吾의 정신

069 | 쾌락의 크고 작음은 인생을 좌우할 만큼 중요하지 않다

071 | '나는 아직 젊고 건강하다' 고 주문을 걸자

075 | 작심삼일, 아무것도 하지 않는 것보다 낫다

079 | 인생의 혹한기를 대비해 어떤 준비를 하고 있는가?

081 | 세상을 변화시키는 건 사람을 향한 작고 따뜻한 움직임

084 | 사랑에는 유효기간이 없다

087 | 일본인은 왜 '막사발' 에 열광하는가?

090 | 무엇인가에 빠져 산다는 건 행운이 아닐까?

093 | 인간의 뇌, 바보인가?

096 | 유머 역량을 꾸준히 갈고 닦자

099 | 비언어적 의사소통 방법을 활용하자

103 | 설 명절, 서로 위로하는 따뜻한 마음을 가지자

106 | 이번 설날, '마중' 다운 '마중' 을 진하게 느껴보자

109 | 조직의 발전을 위해서는 다른 사람에게 맞춰가는 노력이 필요하다

세 번째 지렛대

112 | 겨우살이처럼 살지 말자
115 | 좋은 생각이 좋은 운명을 만든다
118 | 시작하기에 늦은 때란 없다
123 | 오직 사랑만이 인생에 의미를 줄 수 있다
127 | 남의 말을 함부로 하지 말자
130 | 사람 의존 사회와 기계 의존 사회
133 | 우리는 이슬람교에 대해 얼마나 알고 있는가?
140 | 간절히 열망하면 이루어진다
144 | 새봄을 맞아 말끔히 단장하자
147 | 행복은 자기 스스로 만들어가는 것
150 | 사람과 사람 간의 적당한 거리는 우리를 더욱 친밀하게 만든다
153 | 자신의 가치를 발견하는 생활이 필요하다
156 | 리비아에 대한 연합군의 군사행동, 진실은 무엇일까?
161 | 정신건강을 위해서는 화를 잘 다스려야
166 | 가족과 함께할 때 모든 것이 충만해진다
170 | 우리만의 고유한 분위기를 연출해 보자

네 번째 지렛대

174 | 자연의 신비를 생명의 진실로 느껴보자
178 | 실패란 포기해 버리는 것이다
182 | 판단형 인간 VS 인식형 인간
185 | 사람에게도 마음을 움직이는 '지렛대'가 있다
191 | 4월이 잔인한 이유
194 | 철저히 준비하고 때를 기다릴 줄 아는 사람이 되자
197 | 항산恒産이 없으면 항심恒心도 없다
200 | 신상필벌이 중요한 이유
204 | 세기의 결혼식, 영국 로열웨딩
208 | 민들레의 강인한 생명력 그 근성을 본받자
213 | 5월은 감사와 사랑을 표현하는 달
217 | 나른해지는 봄, 춘곤증을 물리칠 수는 없을까
220 | 삶이란 강물과 같은 것
224 | 과거에 대한 집착과 미래에 대한 욕망을 버리자
228 | 나이는 숫자일 뿐이다
232 | 미운 정까지 들어야 진실로 친한 관계이다
236 | 서민의 상징 찔레꽃, 부의 상징 장미꽃

마음을
움직이는
지렛대

첫 번째

마산합포함의 순항을 기원하며

많은 동료 직원들의 인사 이동으로 인해 사무실 분위기가 어수선합니다. 새로운 보직과 근무지 배정, 새 동료들과의 만남 등 모든 것이 새로워진 행정환경 속에서 처녀출항을 앞두고, 미래를 향한 좌표를 설정하며 업무를 설계하느라 여념이 없기 때문입니다.

“운명은 우리의 삶 속에, 누가 찾아올 것인가를 결정하지만 우리의 태도나 그 행위는 누가 머무를 것인가를 결정짓는다.”는 말이 있습니다.

우리는 이제 ‘마산합포구청 소속 공무원’이라는 인연으로 만나 한솥밥을 먹는 가까운 사이가 되었습니다. 우리의 운명적인 만남을 좋은 관계로 계속 이어나가도록 하려면 내가 먼저 베풀고, 양보하며, 사랑과

우리는 이제 '마산합포구청 소속 공무원' 이라는
인연으로 만나 한솥밥을 먹는 가까운 사이가 되었습니다.
우리의 운명적인 만남을 좋은 관계로
계속 이어나가도록 하려면
내가 먼저 베풀고, 양보하며,
사랑과 믿음을 듬뿍 주어야만 가능하다고 봅니다.

믿음을 듬뿍 주어야만 가능하다고 봅니다.

운명은, 노력하는 사람에게만 '우연'이라는 다리를 놓아준다고 합니다. 매사에 최선을 다해 열심히 노력하다 보면 자신도 모르는 사이, 우연처럼 행운을 맞이하게 된다는 뜻일 것입니다. 자신의 처지를 주어진 운명이라고 탓할 것이 아니라 노력으로 개척해 나가야 하지 않을까 생각합니다. 이와 아울러 우리 모두 등 뒤에서 서로 격려하고 혹 동료가 어려움을 당하고 있지는 않는지, 힘들어하지는 않는지 보살펴 주는 조직문화를 만들도록 노력합시다.

지금의 초등학교인 그 옛날 국민학교 성적표(통지표)에는 수 · 우 · 미 · 양 · 가로 학업 성적을 평가하였습니다. 수秀는 글자 그대로 빼어나다는 뜻이고, 우優는 우수하다는 뜻입니다. 미美 또한 잘한다는 뜻이고, 양良도 좋다, 양호하다는 뜻입니다. 제일 하급인 가可 역시 가능성이 있다는 뜻입니다. 이렇듯 예전의 성적표에는 단 한 사람의 제자도 포기하지 않겠다는 스승의 제자 사랑이 깃들어 있습니다.

선배와 후배 공무원이 서로 상호 작용을 통해 조직의 조화와 균형을 이루어 나가면서, 모자라는 것은 채워주고 넘치는 것은 나누는, 정이 넘치는 직장이 되었으면 합니다. 그리고 모두 합심하여 새롭게 출항하는 '마산합포함'이 무사히 순항할 수 있도록 다 함께 지혜를 모아주시기 바랍니다.

생명과 만찬의 법칙

—긴장은 하되 스트레스는 금물

'생명과 만찬의 법칙' 또는 '톰슨가젤의 법칙'이 있습니다.

아프리카 초원에 사는 톰슨가젤의 무리에 한 마리의 표범이 사냥을 합니다. 톰슨가젤은 죽을힘을 다해 도망치지만 포식자 표범은 포기하지 않습니다. 표범에게 있어서는 한 끼의 맛있는 식사를 위한 사냥이지만 톰슨가젤에겐 생명이 달려 있는 문제이기 때문에 엄청난 스트레스를 받을 것입니다.

어느 심리학자는 이 법칙과 관련하여 일에 쫓기는 중압감으로 인해 스트레스를 받지 말라고 말합니다. 즉, 일을 할 때는 표범처럼 목표를 향해 맹렬히 달려가다가도 너무 힘들 땐 잠시 쉬면서 여유를 가지는 것이 중요하다고 합니다. 일의 중압감에 스트레스를 받을 땐 겁에 질려 도망치는 가젤이 가끔씩 뒤돌아보며 표범이 따라오지 않는 것을 확인하고 안도의 한숨을 쉬는 것처럼 심호흡을 하면서 긴장을 풀고 재충전을 하는 지혜가 필요합니다.

상사는 부하 직원에게 '성과'를 바라지만, 부하는 상사에게 '배려'를 바랍니다. 혹여 소속 직원들이 톰슨가젤처럼 늘 긴장하면서 일에 쫓겨 스트레스를 받지는 않는지, 그리하여 불필요하게 에너지를 소모하여 조직의 능률성과 효율성이 떨어지지는 않는지 세심한 관심이 필요합니다. 이러한 관심으로부터 시작하여 서로서로 챙겨주고 이해하며 감싸주는 따뜻한 조직이 되도록 노력해야 하겠습니다.

꿈을 통해 영감을 떠올리고 해결책을 찾아보자

잠자는 시간의 적정량은 사람에 따라 다르다고 합니다. 좋은 수면은 충분한 시간이 아니라 깨고 난 후의 개운함이나 낮의 피로감 등에 좌우됩니다.

잠은 크게 '렘REM수면'과 '비렘non-REM수면'으로 나누는데, '렘REM'이란 빠른 안구운동rapid eye movement을 말합니다. 즉, 렘수면은 눈을 감고 자고는 있지만 마치 뭔가를 보고 있는 것처럼 눈이 움직이는 현상을 말하며 이 렘수면은 낮 동안 우리 뇌 속에 입력된 각종 정보들을 정리·분석하는 것으로 기억력, 정신집중, 삼성소절, 원활한 싱생휠 등에 꼭 필요하다고 합니다.

대부분의 사람들이 꿈을 꾸는 단계인 '렘수면'은 잠든 지 70~80분쯤 도달하여 약 5분간 지속된다고 합니다. 그리고 비렘수면은 1~4단계로 나뉘는데 3, 4단계의 깊은 잠을 '델타수면'이라고 합니다. 잠든 지 약 30~45분 정도 지나면 깊은 수면상태인 '델타수면'에 이르게 되고 약 1시간 가량 지속된 후 다시 수면 2단계로 돌아간다고 합니다. 이렇게 잠자는 동안 렘수면과 비렘수면이 주기적으로 반복되는데, 8시간 수면하는 경우 렘수면은 1시간 30분 간격으로 3~5번 반복된다고 합니다.

이러한 현상과 관련하여 1957년에 미국 시카고 대학의 나다니엘 클라이트만 교수는 성인들을 대상으로 수면 실험을 한 결과, 잠을 자면서 안구가 빠르게 움직이는 것은 꿈을 꾸면서 영상을 보는 것과 관련된 현상이라는 결론을 내린 바 있습니다. 그러니까 우리는 매일 밤 자는 동안에 다섯 번 정도 안구를 빠르게 굴리면서 꿈을 꾼다는 얘기입니다.

우리는 흔히 간밤에 꿈을 꾸느라 잠을 설쳤다고 말하곤 하는데, 만약에 잠을 자는 동안 꿈을 꾸지 못하면 어떻게 될까요? 이에 대해 나다니엘 클라이트만 교수의 제자 데멘트가 렘수면 시기에 일부러 실험대상을 깨워 꿈을 꾸지 못하게 했더니 상당한 정신장애로 이어지는 결과를 얻었습니다. 그래서 다시 마음껏 잘 수 있도록 했더니 렘이 평균치 이상으로 증가했는데 데멘트는 이것을 꿈의 중단에 따른 결손을 보충하려는 현상으로 해석하였고, 꿈이란 건강하게 살기 위해서 꼭 필요하다는 결론을 내렸습니다. 그런데 꿈의 종류를 분류하고 역할을 해석하는 것보다 중요한 것은 인류는 이미 오래 전부터 지금까지 꿈꾸기를 계속하고 있고, 이를 통해 영감을 받는다는 사실입니다.

벤자민 윌커Benjamin Walker가 편집한 《Dreams》라는 자료를 통해 꿈에서 창조적인 영감을 얻은 사람들의 이야기를 볼 수 있습니다. 독일의 대문호 요한 볼프강 폰 괴테Johann Wolfgang von Goethe(1749)는 자신의 시가 꿈에서 온 경우가 많았다고 하였고, 18세기 프랑스의 대표적 계몽 사상가 볼테르Voltaire(1778)는 자신의 서사시에 나오는 은어와 위선적인 말투의 표현은 모두 꿈에서 얻었다고 합니다.

그런가 하면 미국의 낭만주의 문학가 에드거 앨런 포Edgar Allan Poe(1849)도 자신의 추리소설 줄거리가 모두 꿈에서 온 것이라 했고, 프랑스의 도예가 베르나르 팔리시Bernard Palissy(1590)도 꿈에서 영상을 보고 당대 최고의 아름다운 도자기를 만들었다고 합니다. 이탈리아의 작곡가이자 바이올리니스트 쥐세페 타르티니Guiseppe Tartini(1770) 역시 소나타 작곡을 완성하기 위해 애쓰는 중에 꿈에서 사탄이 나타나 자기를 위해 바이올린을 연주하는 것을 듣고 꿈에서 깨자마자 즉시 자기가 들은 사탄의 연주를 악보에 옮겼다고 합니다. 또한 볼프강 아마데우스 모차르트Wolfgan A. Mozart(1791)도 자신이 작곡한 작품은 모두 꿈을 통해 탄생되었다고 합니다.

꿈으로 인해 영감을 얻었다는 사람은 비단 예술가뿐만이 아닙니다. 노벨화학상 수상자인 오토 로위Otto Loewi(1961)는 꿈을 통해 신경의 신

호전달이 화학물질로 이루어진다는 이론을 완성했고, 닐스 보어Niels Bohr(1962)도 꿈에서 본 진기한 태양계의 모습을 통해 원자구조 이론을 만들어 현대 원자물리학의 기초가 되었습니다. 그리고 앨버트 아인슈타인Albert Einstein(1955) 역시 꿈에서 자신이 씨름하고 있는 문제에 대한 유용한 정보를 얻으면 기록하려고 침대 곁에 늘 펜과 노트를 두고 자는 습관이 있었다고 합니다. 흥미로운 것은, 모두 꿈을 통해 자신이 몰두하고 있는 문제에 대한 암시나 해결책을 얻었다는 사실입니다.

꿈을 통해서 아름다운 예술작품을 탄생시키고 과학의 진일보까지 이루게 한 꿈. 이런 일이 우리에게도 매일 밤 일어나고 있지만 미처 알아차리지 못하고 있는 것은 아닐까요? 하루의 1/3을 잠자는데 사용하고, 잠을 자는 시간의 상당 부분이 꿈으로 이루어집니다. 앞으로 문제해결을 위해 몰두하면서 꿈을 응시해 보면 우리에게도 문제의 해결책이 보이지 않을까 생각해 봅니다.

부정적인 기억으로부터 감정의 에너지를 털어내자

사람의 뇌는 긍정적인 기억보다 부정적인 기억을 먼저 떠올리면서 감정에 쉽게 빠진다고 합니다. 나에게 잘해준 사람보다 상처를 준 사람을 잊지 못하고, 성취의 기쁨보다 과거에 한 결정을 후회하거나 원망하며, 유쾌했던 순간보다 언짢았던 순간을 먼저 기억한다는 것입니다.

과거에 있었던 긍정적인 경험을 떠올리면 기분이 좋을 텐데, 이러한 부정적인 기억이 떠오르는 것은 우리에게 좋은 일보다 나쁜 일이 더 많이 벌어지기 때문일까요? 그래서 긍정적인 감정보다 부정적인 감정에 휩싸일 때가 종종 있는 것일까요?

캐나다의 한 심리학자가 이를 규명하고자 실험대상자에게 특별한 감정을 느낄 때마다 일기를 쓰게 했더니 부정적인 감정의 기록이 압도적으로 많았다고 합니다. 그런데 어떤 감정을 느낄 때마다 무선전화로 연락하면서 해당 시점의 감정을 파악하여 보았더니 행복한 순간이 화나고 두려운 순간보다 두 배 더 많았다고 합니다. 그러니까 이 실험의 결과는 우리에게 부정적인 사건이 실제로 많이 벌어진다기보다 부정적인 감정을 더 잘 인식하고 오랫동안 기억한다는 것을 말해주고 있습니다.

실제로 우리는 가끔 속상한 기억을 떠올릴 때 가슴이 답답하거나 몸에서 기운이 쭉 빠져나가는 것 같은 상태를 경험하곤 합니다. 다 지난 일임에도 시간이 지날수록 그것에 대한 분노와 슬픔, 두려움 같은 감정을 더해 마음의 짐을 눈덩이처럼 키우는 것입니다. 분명 이러한 감정 소모가 어리석은 일이라는 사실을 잘 알면서도 말입니다.

하버드 의대 연구진의 보고에 따르면, 화가 났던 장면을 떠올리는 것만으로도 좌측 전두엽 부위의 혈액순환이 감소하고, 뇌세포의 활성도가 떨어진다고 합니다. 그리고 심리적으로 고통을 느낄 때도 뇌세포가 파괴되고, 뇌가 쪼그라든다고 합니다. 결국 부적정인 과거를 곱씹는 것은 뇌에 마이너스 회로를 만들 뿐이라는 것입니다. 또 마이너스 회로는 사고를 경직되게 하고, 자신감을 떨어뜨려 삶의 에너지를 감소시키는 것은 물론, 우울증에 걸릴 가능성도 높아진다고 합니다.

또 미국 레이크우드 교회의 담임 목사인 조엘 오스틴은 자신이 쓴

《긍정의 힘》이라는 책에서 "지난 실패를 곱씹지 말라. 이미 내 몸과 정신과 세포 속에 따질 수 없는 가치의 소중한 경험으로 녹아들어 있다."며 이미 지나간 과거를 떠올리면서 '~할 걸 그랬구나.' 하며 후회하고, '이런 바보같이!' 라며 화내는 것을 당장 멈춰야 한다고 이야기하고 있습니다. 그러니까 우리의 뇌는 기막힐 정도로 부정적인 기억부터 떠올리는 특성을 가지고 있으므로 부정적인 기억 그 자체를 잊으려 애쓸 것이 아니라, 그 일을 기억해 낼 때마다 느끼는 부정적인 감정을 분리해내고, 그저 있었던 그대로 사실적인 기억으로 바꾸려는 적극적인 노력이 필요하다는 것입니다.

과거의 부정적인 기억으로부터 감정의 에너지를 빼내고 단지 사실적인 기억으로 바꾸는 과정에 대해 전문가의 조언을 들어보면, "먼저 사실과 감정을 분리해야 한다. 편안한 자세로 앉아서 눈을 감고 과거의 부정적인 기억 중에서 가장 많이 곱씹는 장면을 떠올린다. 기억과 함께 일어나는 감정을 가로막지 말고 생생하게 느낀다. 느낌을 종이에 구체적으로 적어도 좋다. 그 상황을 충분히 느낀 다음, 숨을 깊게 들이마신 뒤 내쉴 때 웃는 표정을 짓는다. 호흡을 계속하면서 사실은 사실대로, 감정은 감정대로 인정하면서 차츰 웃음을 키운다. 소리가 나도록 웃어도 좋다. 실컷 웃고, 웃음이 그치면 천천히 숨을 고른다."라고 설명하고 있습니다.

황화숙의 《내 감정을 이기는 심리학》에서도 "영혼을 살리는 감동, 진짜가 아닌 가짜 웃음이라도 필요하다. 지금 전 세계적으로 웃음클럽이 유행하고 있는데 가짜 웃음이라도 웃다보면 진짜 웃음으로 연결되고 행복을 느낄 수 있다. 그래도 감정치유가 힘들 때는 일기를 쓰거나 선행을 하고, 친구를 사귀려 노력하며 지금 이 순간을 생각하라. 근심이 가득할 때 호흡을 통해 명상하고 현재의 기분이나 상황을 음미하며, 이 순간 자신의 활동에 몰입할 때 행복을 느낄 것이다."라고 적고 있습니다.

이처럼 부정적인 기억에 대한 감정이 얼마나 많은 삶의 에너지를 감소시키는지를 깨닫게 해 줍니다. 기억과 함께 무겁게 엉켜 있는 감정의 에너지를 털어내고, 가뿐한 마음으로 매일매일 새날을 시작하여야 하겠습니다. 그러면 우리의 삶이 보다 윤택해지고 행복해질 것입니다.

인지적 구두쇠

—사람은 비과학적이다. 합리적인 사고방식으로 판단하자

《누군가 나를 설득하고 있다》라는 책에는 '인지적 구두쇠' 라는 말이 나옵니다.

여기서 '인지' 란 '사실을 인정한다.' 는 말이고, '구두쇠' 란 말은 '돈, 재물에 인색하다.' 라는 말입니다. 즉, '인지적 구두쇠' 란 '인정하고 아는 것에 대해 인색하다.' 라는 말이 됩니다. 따라서 어떠한 대상을 판단하는데 있어 최소한의 능력을 투입하여 판단하게 되는데 제한된 추론과 단편적 정보에 의해 옳고 그름, 능력과 무능력을 판단해 버리는 습성이 있나는 것입니다.

사람이 살아가면서 판단해야만 하는 수많은 대상들을 모두 합리적인 사고방식으로 판단하기에는 엄청난 노력이 필요합니다. 그래서 자극에 노출되어 어떠한 결론이든 판단을 해야만 하는 상황에 놓일 때 최소한의 노력으로 대상을 판단하려는 것이 인간의 습성이라고 합니다.

이러한 습성은 자동적이고 무의식적으로 일어나기에 통제하기 어렵고 시간이 지날수록 그 생각과 판단이 견고해지게 된다는 것이 문제입니다. 잘못한 판단을 내렸다는 사실을 인정하지 않고 마음에 드는 것만 받아들이는 반면, 알지 못하는 것은 무시하게 된다는 것입니다.

이렇게 인간이 정보를 처리하는 과정은 비과학적이라고 합니다. 예를 들면, 좋은 가수, 좋은 노래인지를 판가름하려면 현대 가요계 음반을 다 검색해 보고 전문가들의 평을 낱낱이 비교해 보는 등의 과정을 거쳐야 하는데 대부분의 사람은 그런 노력을 꺼리는 편입니다.

이와 같이 어떠한 정보가 수집되면 그것을 토대로 처리한 후 결론을 도출하는 순서로 해석하지 않고, 성급하게 그 결론에 부합된 정보만을 선택적으로 수집하거나 자기 주장에 위배되는 것은 무시하고 그 결론을 견고화하는 순서로 정보가 처리되는 것을 의미합니다. 그런데 앞서 말한 대로 인지적 구두쇠는 무의식중에 일어나므로 통제가 어렵다는 데 문제가 있습니다.

따라서 앞으로 일을 추진하는 데 있어 어떠한 처분을 할 때 의식적인 노력을 기울여야 할 것으로 생각됩니다. 또한 인간관계를 맺는 데 있어서도 인지적 구두쇠로 인해 성급한 결론을 내려 우를 범하는 일이 없도록 다양한 정보와 여론을 충분히 수렴하고 신중한 결정을 하는 노력이 필요하다고 생각됩니다.

합리적인 사고와 균형 잡힌 시각으로 사안을 바라보자

사람들은 왜 눈치를 볼까요?

직장에서는 상사의 눈치를 보고, 집에 가면 식구들 눈치를 보며, 우리 공무원은 또 시민의 눈치를 보고 삽니다. 솔직히 그렇게 잘한 것도 없지만 그렇다고 크게 잘못한 것도 없는데 왜 눈치를 보면서 사는 걸까요?

정신과 의사 다니엘.G 에이먼이 쓴 《당신의 뇌를 점검하라》는 책을 보면 "뇌는 영혼의 하드웨어이다. 따라서 심리적 문제는 뇌의 생리적 측면과 관련이 있다."고 하는데, 이와 관련하여 어느 분은 '우리가 다른 사람의 눈치를 보는 이유'를 서너 가지로 분석하여 말하고 있습니다.

그 첫 번째는 '부정적 예언' 때문인지도 모른다는 것입니다.

상사에게 말씀을 드리기 전에, '과장님은 내 의견을 비웃을 거야.' 라든가 남편에게 말하기 전에, '저이는 어차피 내 말에 관심도 없을 거야.' 라는 부정적인 예언 말입니다. 이처럼 일어나지도 않은 '부정적 예언' 으로 상대의 눈치를 살피는 우를 범하지 말아야 할 것입니다.

두 번째 이유는 '독심술讀心術' 때문일 수도 있다고 합니다.

'독심술' 의 사전적인 의미는 상대방의 몸가짐이나 얼굴 표정, 얼굴 근육의 움직임 따위로 속마음을 알아내는 기술을 뜻하는데, '과장님 표정을 보니까 내가 못마땅한가봐.' '저 사람은 내가 맘에 들지 않나봐.' 라는 식으로 다른 사람이 말하지 않은 생각을 '나는 이미 알고 있다.' 고 믿고 앞질러 짐작하는 태도를 말합니다.

상대방이 말로 본인의 생각을 말하기 전에는 그 사람이 무슨 생각을 하는지 정확히 알 수가 없다는 것을 우리는 잘 알고 있습니다. 그러니 타인의 말과 행동에 너무 과민한 반응을 하는 것은 상대방을 이해하고 좋은 관계를 유지하는데 도움이 되지 않을 것 같습니다.

세 번째는 '개인화' 때문일지도 모른다는 것입니다.

사신과는 아무런 관련이 없는 사건에 개인적으로 의미를 부여하는 것을 말하는데, '과장님이 오늘 아침에 나한테 말 한 마디 하지 않으셨어. 내가 무슨 잘못을 했나?' '오늘은 그이한테서 전화 한 통 없었어. 아! 정말 내가 싫어졌나봐.' 라고 믿는 태도를 말합니다. 정작 그 과장님은 다른데 정신이 팔려서 당신을 보지 못할 수도 있고, 연인은 숨 돌릴 틈도 없이 바빠서 전화할 시간이 없었다는 걸 알지 못한 데서 비롯된 오해일 수도 있습니다.

우리는 한 사람의 행동을 완벽하게 이해할 수 없고, 실제로 무슨 일이 있었는지도 알 수 없습니다. 따라서 부정적 사고는 금물입니다. 그렇다고 무조건 장밋빛 환상에 빠지는 맹목적인 긍정적 사고도 금물입니다.

오늘 이야기의 핵심은, 상대방의 생각이나 마음을 앞질러서 부정적으로 짐작해서도 안 되지만, 그렇다고 항상 너무 긍정적으로만 생각하고 행동해서 정말로 '눈치 없는 사람' 이라는 핀잔을 받아서도 안 된다는 것입니다. 앞에서 언급한 얘기는 아무런 잘못도 저지르지 않았을 때라는 점을 잊지 말아야 합니다. 잘못이나 실수를 했다면 눈치라도 잘 살펴야 화를 면할 수 있습니다. 그래서 제일 중요한 것은 합리적으로 생각해서 균형 잡힌 시각으로 사안을 바라보고 대처하는 능력을 길러 눈치 볼 필요 없는 사람이 되는 것입니다.

매미의 5덕五德을 실천하도록 노력하자

얼마 전 서울시가 광화문광장에 있는 세종대왕 동상이 세워진 지 1년 반 만에 처음으로 목욕을 시켰습니다. 이로써 말끔하게 새 단장한 세종대왕 동상을 대하는 시민들로부터 호평을 받고 있다고 합니다.

세종대왕이 머리에 쓰고 있는 관冠을 가만히 살펴보면 관 위에 뿔 같은 것이 두 개 돋아 있는데, 이는 매미의 날개를 형상화한 것입니다. 그래서 이 관을 날개 익翼에 매미 선蟬자를 써서 '익선관'이라고 부릅니다.

매미는 종류에 따라서 7~17년까지 땅속에서 애벌레로 지내며 다섯 차례의 허물벗기를 하는 등 혹독한 인내와 시련의 과정을 거쳐 비로소

우리나라에서는 매미의 5덕을 높게 사고
목민관의 귀감으로 삼았습니다.
그리하여 나라의 임금은 매미의 5덕을 본받기 위해
매미 날개 모양의 모자인 익선관을 썼습니다.

문무백관들도 관복을 입을 때
매미 날개 모양이 양쪽으로 달려 있는 사모紗帽를 썼는데,
그것은 매미의 5덕을 항상 염두에 두고
정무를 수행하라는 깊은 뜻이 있었던 것입니다.

날개가 달린 매미로 우화羽化할 수 있습니다. 매미가 되어 세상에 나와서도 겨우 2~3주간 이슬과 나무진만 먹고 살다가 짧은 생을 마감한다고 합니다. 이렇듯 오랜 기다림 속에 세상에 나와 오욕에 물들지 않고 생을 마감하는 매미를 보고 옛 선인들은 곤충 가운데 가장 고고하고 깨끗하다고 여겨 선비들이 배워야 할 최고의 덕을 가진 곤충이라고 예찬하였습니다. 그 옛날 진晉나라 시인 육운陸雲은 매미가 다섯 가지 덕德을 갖추었다 하여 곤충 중의 군자로 여겼다고 합니다.

그 다섯 가지 덕이란, 첫째는 매미의 입 옆에 양쪽으로 늘어진 것이 있는데 마치 선비의 갓끈이 늘어진 모양을 연상케 해 항상 배우고 익혀 선정을 베풀라는 문文이요, 둘째는 이슬이나 나무진을 먹고 사니 맑음(淸)이요, 셋째는 다른 곤충과 달리 집 없이 산다고 하여 검儉이요, 넷째는 때가 되면 허물을 벗고 가을이 되면 때를 맞춰 죽을 정도로 절도를 지켜내 신信이요, 마지막 다섯째는 농부가 가꾼 곡식이나 채소를 먹지 않고 염치廉를 안다는 것입니다.

또한 강원대 생물과학부 권오길 교수가 쓴 《생물의 죽살이》 중 '임금님의 머리에 앉은 매미' 란 글 속에 이런 대목이 나옵니다. "힘차고 낭랑한 매미 소리에는 비밀이 없고 거짓도 없다. 그리고 매미는 집이 없다. 달팽이, 우렁이도 집이 있는데. 매미는 깨끗하여 수정같이 영롱한 이슬 몇 방울을 마시고 실 뿐이다. 집이 필요 없으니 부동산 욕심이 없고, 먹는 것이 별로 없으니 사리사욕도 없다. 또 먹은 것이 없으니 버릴 것도 없어 뒤가 깨끗하다. 죽을 때를 미리 알고 첫서리 내리는 밤에 어디론가 사라진다. 떠나야 할 때는 주저않고 떠날 줄 안다."

이처럼 예로부터 우리나라에서는 매미의 5덕을 높게 사고 목민관의 귀감으로 삼았습니다. 그리하여 나라의 임금은 매미의 5덕을 본받기 위해 매미 날개 모양의 모자인 익선관을 썼습니다. 문무백관들도 관복을 입을 때 매미 날개 모양이 양쪽으로 달려있는 사모紗帽를 썼는데, 그것은 매미의 5덕을 항상 염두에 두고 정무를 수행하라는 깊은 뜻이 있었던 것입니다. 그리고 서리書吏는 날개가 나지 않은 모양으로 파리머리라는 뜻의 '승두蠅頭'를 썼습니다.

요즘과 같이 윤리와 도덕이 혼란 속에 있고, 권력과 이익 앞에서 진실이 왜곡되고 있는 때에는 더욱 이러한 미물의 생태를 본받고자 했던 옛 선현들의 깊은 뜻을 헤아려 겸허하게 자신을 낮추고 분수를 지키는 삶을 실천해야 하겠습니다.

분별 있는 걱정은 하되 '반드시 정신'을 경계하자

2011년 새 달력을 받고 나서 올 한 해를 또 무엇으로 채울까 걱정이 앞섭니다.

우리네 일상은 늘 반복되기에 뻔하다고 생각하지만 막상 한 시간 뒤에 무슨 일이 일어날지 아무도 장담하지 못합니다.

이와 관련하여 앨버트 엘리스는 불안과의 싸움에서 이기는 일이 곧 행복의 조건이라고 말하면서 걱정은 하되 불안해하지는 말라고 강조합니다. 따라서 분별 있는 걱정과 실패에 대한 경계심을 늦추지 않는 힘을 기르는 일, 그리고 계획했던 일을 세심하게 점검하여 실패에 대비하는 것이 중요하다고 말합니다.

목표했던 일은 반드시, 남보란 듯이 성공시키려 하거나 인정받기 위해 목숨을 거는 '반드시 정신'을 경계해야 한다는 것입니다. 물론 간절히 원했던 일을 성취하지 못했을 때 서운하고 기분이 상하겠지만 그렇다고 견딜 수 없이 끔찍하다고 생각하지 말아야 한다고 충고합니다.

낙오자 같다는 감정이 정말로 자신을 낙오자로 만든다고 합니다. 그리고 어떤 답을 그 답이 유일하다고 단정 짓는 것도 금물이라고 합니다. 엄격하게 하나의 답만 고집하면 차선책이 있을 수 없습니다. 항상 긴장은 하되 분별 있게 걱정하는 지혜가 필요합니다.

열심히 일을 하다가 저지른 실수는 그다지 문제가 되지 않습니다. 소신껏 일하시고 분별 있게 걱정하는 자세를 견지하시기 바랍니다.

노후를 대비한 다섯 가지 불안, 지금부터 대책을 세우자

강창희 미래에셋퇴직연금연구소장은 인생 후반을 좌우하는 리스크risk에는 다섯 가지가 있다고 합니다. 그 다섯 가지 리스크risk는 장수長壽, 건강健康, 자녀子女, 부동산不動産, 그리고 인플레이션inflation를 말합니다.

우리가 일반적으로 위험이라고 표현하는 단어에는 danger와 risk가 있습니다만 danger는 관리할 수 없는 위험을 말하는 반면, risk는 관리할 수 있는 위험, 즉 용기와 지혜를 갖고 잘 대처하면 난관을 극복할 수 있는 것을 말합니다. 인생을 살면서 리스크를 극복하지 않으면 성공할 수 없기에 노후에 겪게 될 리스크를 미리 예상하고 대처법을 연구해야 합니다.

노후불안의 첫 번째는 '장수 리스크' 입니다.

우리나라는 OECD 국가 중에서 1960년대 이후 기대수명이 26년이나 늘어나 터키(27년) 다음으로 가장 빠르게 증가하고 있어 장수리스크에 대한 대비가 매우 절실한 실정입니다. 여기서 말하는 장수리스크란 직장에서 퇴직한 후의 은퇴기간이 당초 예상했던 기간보다 얼마나 더 긴가를 수치로 나타낸 것으로 우리나라의 장수리스크는 0.87로 나타나 예상했던 기간보다 87%의 기간만큼 더 산다는 것입니다. 즉, 퇴직 후 20년쯤 살 것으로 예상했으나 실제로는 약 30년 더 산다는 것입니다. 우리나라 사람이 100세까지 살 가능성은 74세(1937년생)의 경우 남자 18.5%, 여자 22.4%로 5명 중 1명이 해당되며, 66세(1945년생)의 경우에는 남자 23.4%, 여자 32.5%에 이르고 있습니다. 100세 장수가 축복이 되기 위해서는 지금부터 계획을 수립해야 합니다.

두 번째는 '건강 리스크' 입니다.

많은 사람들이 퇴직 후에는 이전보다 생활비를 아낄 수 있을 것이라고 생각하지만 의료비나 간병비 등을 감안하면 쉽지 않다고 합니다.

미국, 일본에서도 퇴직 이후 생활비가 줄지 않는다고 하는데 그 이유는 요양원 등 의료비 지출이 주요 원인이라고 합니다. 기분에 따라 폭탄

주를 들이켜고 담배를 피우기도 하지만 이것은 만병의 근원입니다. 항상 건강을 보살피는 자세가 필요하며 보험에 가입하여 건강리스크를 줄여야 하겠습니다.

세 번째는 '자녀 리스크' 입니다.

아무리 성공했더라도 노후에 자식 때문에 고생하는 사람이 많습니다. 우리나라 60세 이상 인구의 생활비를 조사해 보니 자녀의 도움을 받는 사람이 34%에 이른다고 합니다. 미국은 0.5%, 일본은 2.5%에 불과합니다.

우리나라 60%의 부모들은 '자식만 키워 놓으면 무슨 수가 있겠지.' 라고 생각하고 자녀교육에 최대한의 투자를 하느라 노후준비를 못한다고 합니다. 하지만 '그 무슨 수가 나지 않는다.' 는 것이 문제입니다.

앞으로 노인인구는 늘어나고, 자녀의 생활비 도움은 점점 줄어들 것이라는 전망이 전문가들의 지배적인 의견입니다. 그래서 공적 · 사적 연금으로 노후자금을 확보해야 합니다.

선진국인 미국, 일본 등에서는 사망 시까지 최저생활비를 보장해주지만 우리나라의 경우에는 그렇지 못한 실정입니다. 미국은 65%, 일본은 75%, 한국은 4%만이 국민연금에 가입하면 최저 생활은 영위할 수 있습니다. 직장인은 퇴직연금 가입이 꼭 필요합니다.

네 번째가 '부동산 리스크' 입니다.

우리나라 사람의 재산은 부동산에 편중되어 있습니다. 부동산에 올인한 자산구조는 노후를 위협하는 심각한 문제입니다. 수도권 거주자를 대상으로 한 앙케이트에서 평균자산이 4억 8천만 원으로 조사되었지만 살고 있는 집값이 4억 6천만 원으로 결국 금융자산은 2천만 원밖에 되지 않는다고 합니다. 과연 이것이 살만한 것일까요?

자산 대비 부채가 2 : 3이면 위험한 구조라고 합니다. 생활수준을 낮춰야 합니다. 그리고 빌린 돈은 정책적인 저금리 자금이면 모르지만 보통의 빌린 돈이라면 갚는 것이 가장 확실한 투자라고 합니다.

우리나라 2005년 출산율은 1.08명에서 2006년 1.13명(미국 2.04명)으로 다소 높아졌지만 무남독녀, 무녀독남이 서로 결혼하는 20~30년 후가 되면 주택이 남아 돌 것입니다. 지금도 주택보급률이 111%(1인 세대 미포함)에 이르며 원룸을 포함해도 101%로 가구수보다 주택수가 많습니다. 20~30년 후가 되면 혼자만 사는 세대가 52%가 될 것으로 예상하고 있습니다. 자칫 베이비붐 세대들이 노후자금 마련을 위해 집을 팔려고 하면 대형APT 등은 큰 타격을 받을 수밖에 없을 것입니다.

노후불안의 마지막은 '인플레 리스크' 입니다.

인플레이션도 은퇴자산을 갉아먹습니다. 인플레율이 1년에 3%씩 25년 동안 계속되면 지금의 100만 원 가치가 48만 원으로 하락된다는 겁니다. 그렇기 때문에 장기적인 시각으로 이를 방어할 수 있는 자산관리, 즉 채권, 펀드 등에 용기를 갖고 투자해야 한다고 강조합니다.

'100-나이' 법칙이 있습니다. 금융자산 전체를 100으로 했을 때 100에서 자신의 나이를 뺀 만큼 주식형 펀드 같은 공격적인 자산에 투자하는 법칙입니다.

예를 들면, 40대는 60%는 주식, 펀드 등 공격적인 데 투자하고 40%는 채권, CMA 등 안정적인 데 투자하되 3년 이상 인내를 갖고 투자하라는 것입니다. 그리고 직장을 그만두더라도 소일거리가 필요합니다. 퇴직 후 쓰레기를 줍는 단순한 일도 만족도가 2배라고 하지 않습니까? 퇴직 후 매달 50만 원의 수입이면 2억 원 정기예금의 효과가 있다고 합니다.

아무 걱정 없는 황금여생을 꿈꾼다면 지금부터라도 노후생활을 준비해야 합니다. 은퇴 후에도 할 수 있는 일을 찾아야 합니다. 평생 현역이 가장 확실한 노후대책이기 때문입니다.

'균형이론'에 입각한 행정을 펼쳐 나가자

'균형'이란 무엇입니까? 사전적 의미에서 균형이란 '어느 한쪽으로 기울거나 치우치지 아니하고 고른 상태'를 말합니다.

심리학자인 하이더Heider의 균형이론Balance Theory에 의하면 사람들은 균형상태를 유지하려고 하며 불균형 상태일 때는 어떤 식으로든 균형을 유지하려고 한다고 합니다.

여기서 '균형상태'는 누구나 원하는 것으로 만약 이러한 균형이 깨어지면 사람들은 자신의 태도를 바꾸거나, 상대방의 태도를 무시하거나, 관련된 사물의 부정적인 면 대신 긍정적인 면을 봄으로써 균형을 회복하려고 노력하게 된다고 합니다.

예를 들어, 우리가 백화점이나 대형마트에 가면 무료시식을 권하는 장면을 흔히 목격하게 됩니다. 여기서 무료시식을 하게 되면 원하지 않는 물건인데도 불구하고 그것을 구입하게 된다는 것입니다.

이 점을 노리는 것이 이른바 '공짜 마케팅'이라고 합니다. 공짜를 받게 되면 사고파는 두 사람 사이에 균형이 깨어지기 때문입니다. 무언가를 받은 사람은 자신도 뭔가를 주어서 그 불균형을 해소하려고 한다는 것이 핵심입니다.

내가 어떤 것을 받으면 나도 상대방에게 뭔가를 주어야 한다는 심리가 발생하게 되고, 거기에다 공짜라는 긍정적인 힘을 얻게 되면 그 긍정적인 감정이 제품에게로 옮겨가기 때문이라는 것입니다. 여기서 '공짜 마케팅' 시식의 비밀은 바로 '미안함'에 있다는 것입니다. 이는 상호성의 원리와도 같다고 합니다.

어떤 사람에게 대가가 없는 공짜라는 것을 얻게 된다면 그 공짜로 인해 좋아하게 되지만, 그 한편에는 미안함이 자리잡게 되는 원리인 것입니다. 여기서 우리는 사람들의 도덕적 · 윤리적 의식도 생각해 보게 됩니다. 그리고 우리가 행정을 펼쳐 나감에 있어 이 '균형이론'을 생각해 볼 필요가 있습니다. 우리가 시민을 대할 때 계속적으로 친절하고 성의껏 대하게 되면 시민도 우리 공직자들을 신뢰하고 따뜻하게 대해 줄 것입니다. 상대방으로부터 계속 공짜만 챙길 경우에는 어떤 미안함에서 출발하여 결국은 일정한 대가를 치르고 물건을 구입하듯이 말입니다.

통합 창원시 출범 이후 시민의 정서를 아우르고 통합으로 변화된 시정을 적극적으로 보여주면서 주민의 시정참여를 지속적으로 유도해 나간다면 결국 주민은 '균형이론' 처럼 자연스럽게 행정을 이해하고 동참하게 될 것입니다. 그것이 바로 주민만족의 실천이며 행정의 목표를 달성해 나가는 가장 효율적인 방법이 될 것입니다.

환경에 맞게 습관을 새롭게 형성해 보자

아브라함 링컨 대통령은 "나이 40이 되면 자기 얼굴에 책임을 져야 한다."는 말을 하였습니다.

생각건대 나이 마흔은 결코 적지 않은 나이로서 동양에서는 '불혹不惑'이라 하여 어떠한 유혹에도 현혹되지 않은 연배로 여겨왔으니 자기 얼굴에 책임을 져야 한다는 것은 이제 인생의 중추적 연령에 들어선 만큼 자신과 남을 생각하고 배려할 줄 알아야 한다는 뜻으로 받아들이고 싶습니다.

한덕건 선생이 쓴 《꿈 해몽백과》라는 책에 이런 구절이 나옵니다. "사람됨은 얼굴에 나타나 있다. 사람이 지닌 심성心性이 먼저 눈에 나타나고, 얼굴에 나타나기에 관상을 보아 사람됨을 알아내는 것이다. 이러한 점에서 관상도 경험 철학이며, 사이좋은 부부가 서로 얼굴이 닮아가는 것은 우연이 아닌 것이다." 이 말은 곧 그 사람이 어떤 자세로, 어떤 인생을 살아왔는지 얼굴에 나타난다는 뜻으로 해석됩니다.

또 습관이 우리네 삶을 만들어 간다는 주장에 따르면, 긍정적으로 사고하는 습관을 가진 사람은 긍정적인 표정이, 부정적으로 생각하고 말하는 습관을 가진 사람은 부정적인 표정이 얼굴에 새겨진다고 합니다. 게다가 나쁜 습관은 젊을 때는 몰라도 나이가 들면 질병으로 나타날 수 있다고 하니 '습관'이 얼마나 무서운 것인지 생각하게 합니다.

하지만 습관을 고치기란 여간 어려운 일이 아닙니다. 오죽하면 '제 버릇 개 못 준다.'는 속담까지 나왔겠습니까? '습관'이란 언제든지 선택할 수 있는 기호 사항이 아니라 그야말로 삶이 되어버린 것입니다.

이 '습관'이 어떻게 사람의 삶이 될 수 있는가를 보여주는 연구가 있는데, 과학자들에 따르면 인간의 뇌는 먼 과거에 형성되어서 맨 안쪽에 있는 '오래된 뇌', 중간에 있는 '중간 뇌', 또 최근에 형성되어 가장 바깥쪽에 있는 '새로운 뇌'. 《철학이 필요한 시간》이라는 책에도 나오는데 "오래된 뇌가 행동을 담당하고, 중간 뇌가 정서를 관장한다면 새로운 뇌는 합리적인 사유를 담당하고 있다. 여기에서 잊지 말아야 할 것이 하나 있다. 미래에 더 새로운 지층이 생기는 순간, 현재의 새로운 지층은 낡은 지층으로 밑에 깔리게 된다는 사실이다. 지층과 마찬가지로 현재의 합리적인 사유도 시간이 지나면 정서나 행동으로 이행한다. 이것이 바로 습관을 설명하는 현대 뇌과학의 방식이다. 우리의 동일성, 아이덴티티를 규정하는 제1의 원리가 '습관' 이라 해도 과언이 아닐 것이다. 이미 습관이 된 것, 지금 의식적으로 노력하고 있는 것, 그리고 나중에 습관으로 획득하게 될 것, 이것이 바로 삶의 전부이기 때문이다." 이 말은 곧 '습관' 은 지층이 형성되는 것처럼 차곡차곡 쌓여서 삶이라는 것을 만들어 낸다는 뜻이기도 합니다.

강신주 박사는 또 살아가는 것이 힘들게 느껴지는 순간의 이유도 '습관' 과 연관지어 설명하고 있습니다. "때로는 살아가는 것이 힘들게 느껴질 때가 있다. 이는 새롭게 펼쳐진 삶의 환경과 우리 내면의 습관이 불일치하기 때문이다. 이런 불일치 속에서 우리는 두 가지 중 하나를 선택할 수 있다. 하나는 기존의 습관대로 환경을 바꾸는 것이고 다른 하나는 환경에 맞게 자신의 습관을 새롭게 형성하는 것이다." 이 이야기를 통해 우리는 모두 앞으로 주어진 환경에 적응하면서 자신과 남을 사랑할 줄 아는 성숙한 생을 만들어 갈 것을 다짐해 봅시다.

그리고 위대한 인간의 가치는 돈이나 명예, 권력 등의 세속적인 것에 있는 것이 아니라 끊임없는 자기 탐구를 거쳐 얻어진 말과 사상, 그리고 생활의 일치에 있다는 것을 일깨워 준 너새니얼 호손의 단편 소설 〈큰 바위 얼굴〉처럼 다른 사람이 닮고 싶은 얼굴을 가질 수 있다면 얼마나 좋을까 하는 생각을 해보게 됩니다.

더불어 살아가는 지혜를 가지자

같은 단어라도 어떤 접미사가 붙느냐에 따라 정반대의 뜻이 되기도 합니다. '멋' 이란 단어가 바로 그런 것 같습니다.

'멋' 이란 말은 '맛' 에서 출발한 말이라고 합니다. 두 말에는 음상音相이 대립되어 있을 뿐 동의어라는 주장도 있고, '맛' 이 감각적 뜻을 지니고 '멋' 은 감정적 뜻을 지닌다고 하는 주장도 있지만 '멋' 이 '맛' 에서 출발된 말이라는 데는 이의가 없다고 합니다. 어쨌든 '멋있다', '멋지다' 는 말은 모두가 좋아하는 칭찬이지만, '멋대로 하라' 라고 말하면 자기 자신만 안다는 흉으로 들립니다.

그래서 "네 멋대로 해라."는 말은 선전포고와 같은 느낌을 주기도 하는데, 듣기에 따라서는 "네 멋대로 한 결과에 대해서 나는 더 이상 봐주지 않겠다."는 의미가 포함되어 있는 듯합니다. 그래서인지 우리들 대부분 멋대로 살지만은 못합니다. 멋대로 살다가는 제도권 밖으로 이탈할 수도 있고 따돌림당할 수도 있다는 사실을 잘 알기 때문입니다.

1960년대에 개봉한 프랑스 영화 《네 멋대로 해라》를 보면 주인공 '장 폴 벨몽도'가 남의 차를 훔치고 도망을 가다가 추격해 오던 경찰을 총으로 쏴 죽이는 일을 저지르게 됩니다. 평소에도 이 자는 여자친구의 돈을 훔치고도 유유히 행동할 정도로 죄의식이 없는 사람이었습니다. 그야말로 제멋대로 살던 '장 폴 벨몽도'는 결국 그의 애인 '파트리샤'의 신고로 도주 중 경찰이 쏜 총에 맞아 사망하게 됩니다.

마지막 장면에서 이 '장 폴 벨몽도'가 한 말은 "정말 역겨워."라는 외마디였습니다. 아마도 자신의 사랑을 배반한 여인이 역겹고 내 멋대로 살도록 그냥 내버려두지 않은 세상도 역겹다는 뜻으로 해석하는 사람도 있습니다. 이 영화는 멋대로 사는 사람의 불행한 최후를 보여줍니다.

자기만의 멋을 밀고 나가는 위대한 예술가처럼 일상생활 속에서 나 스스로 내 의지와 내 생각을 발전시켜 나가면서 곁가지를 떼어내고 남은 알맹이를 찾는 일은 적극적으로 권장하지만 천방지축에 오만과 오기, 고집을 부리며 제멋대로 사는 삶을 살아서는 안 된다는 교훈을 남겼습니다. 즉, 인간사회가 존재하려면 사회통제를 통해 개인의 사회화를 도모하기 이전에 지역사회 집단과 구성원 각 개인이 스스로 질서와 통

일을 유지하여 일반적이고 통상적인 어떤 양식에 따라 행동하고 생활해 나가야 한다는 것입니다.

서로 신뢰하고 화합하는 직장문화 창조와 더불어 살아가는 지역사회 건설을 위해 우리 공직자가 새겨들어야 할 덕목이 아닌가 합니다.

모르는 것은 모른다고 말하자

백화점에서 근무하는 직원들이 고객에게 해서는 안 될 말 세 가지가 있다고 합니다. '없어요', '안 돼요', '몰라요'가 바로 그것입니다. 그래서 백화점 직원들은 '없는 경우' 그리고 '안 되는 경우' 또 '모르는 경우'에는 완곡한 표현으로 뜻을 전달하곤 합니다. 그렇다면 우리의 경우 없으면, 안 되면, 그리고 모르면 어떻게 처신하면 좋을까요? 물론, 백화점 직원처럼 완곡한 표현을 빌릴 수도 있지만 잘못하면 변명이 많다, 핑계가 많다 등의 비난을 들을 수 있습니다.

이와 관련하여 법륜 스님은 자신이 쓴 《스님의 주례사》라는 책을 통해 다음과 같은 실빕을 들려줍니다.

"진리라는 것이 거창한 게 아닙니다. 나와 상관없이 멀리 떨어져 있는 것이 아니에요. 지금의 상황을 있는 그대로 정확하게 아는 게 바로 진리입니다. 잘못했을 때 '아, 내가 잘못했네.' 하고 아는 게 진리입니다. 틀렸을 때 '아, 내가 틀렸네.' 하고 아는 게 진리예요… 모르는 것을 모르는 줄 알면 문제될 게 없습니다. 모르면 물어서 알면 됩니다.… 그런데 모르면서 아는 줄 착각할 때 문제가 생겨요. 자신이 아는 줄 알면 묻지를 않거든요… 무지가 모든 문제의 근원이라는 사실을 기억하세요."

그렇습니다. 내가 모르는 줄 알면 항상 묻고 준비를 철저히 하면 문제가 없을 것입니다. 이와 비슷한 잠언은 공자의 가르침에도 나옵니다.

논어 위정 편 17항목에 "아는 것을 안다고 하고, 모르는 것을 모른다고 하라, 이것이 참으로 아는 것이다(知之爲知之 不知爲不知 是知也)" 이 말씀은 참으로 안다는 것은 자기가 알고 있는 것과 알지 못하는 것을 분명히 구별해서 이 두 가지를 혼돈하지 않는 것이라고 이해됩니다.

생각해보면 없는 것을 없다고 하고, 할 수 없는 것을 할 수 없다고 말하고, 모르는 것을 모른다고 말하는 게 참으로 어려운 일인 것 같습니다. 그러나 콤플렉스에 불과한 여기에서부터 모든 위선과 거짓이 출발하는 것이라고 전문가들은 지적합니다.

영국의 여류 소설가 조지 엘리엇은 "인간은 무지할 때 무한한 가능성을 갖는다."라는 명언을 남겼습니다. 앞서 소개한 《스님의 주례사》에도 같은 맥락의 글이 있습니다.

"자전거를 배울 때 못 타는 게 타는 중이다. 넘어지는 게 바로 타고 있는 중이다. 타다가 넘어지는 것은 실패가 아니라 지금 자전거 타기를 배워가는 것. 성공으로 가는 중이라는 말이에요."

정리를 하자면 사람이 처음부터 지혜롭기는 힘들기 때문에 한두 번은 실수할 수 있음을 말하고 있습니다. 그러나 몇 번 시행착오를 겪으면서 옳고 그른 것을 스스로 깨닫고, 올바르게 판단할 줄 알아야 한다는 교훈을 줍니다.

정토와 삼매

—탐하고 성내고 좋아하고 싫어하는 마음을 버리자

지난주에는 정법사 종범 큰스님의 법문을 경청할 기회가 있었습니다. 오늘은 종범 큰스님의 좋은 말씀을 전해 드리고자 합니다.

불교에서 신심信心이란 믿는 마음을 말하고 정토淨土란 좋은 곳을 말합니다. 그래서 정토사회를 잘 만들어야 하고 그러려면 좋은 인연을 많이 닦아야 합니다. 정토는 죽음이 없고, 두려움이 없고, 고통이 없고, 만족이 있는 곳이라고 합니다.

불교에서는 정토를 세 가지로 설명하고 있는데 세간정토世間淨土, 신정토身淨土, 심정토心淨土가 그것입니다.

세간정토世間淨土란 세상에서 만들어 가는 '불국토佛國土'를 말합니다. 즉, 보통 땅에 절을 지으면 조사정토가 되는 것이고, 흰 종이에 부처님 경을 쓰면 경전이 되는데, 이것을 '사경불국토寫經佛國土' 라고 합니다. 보시와 공양을 꾸준히 하면 우리 사회가 '불국토' 가 되는 것입니다.

또한, 신정토身淨土란 자세를 바르게 하고 지극히 공경하는 마음가짐을 갖는 것을 말합니다. 공경심을 실현하면 몸이 불국토가 된다는 뜻입니다. 이것을 '보경일체불국토普敬一切佛國土' 라고 합니다. 공경은 다 통합니다. 공경하면 상대방이 좋아하고 편안해 하며 감동을 받게 됩니다. 내가 나를 존귀하게 하는 방법은 내가 공명심을 실현하면 내 몸이 불국토가 되는 것입니다. 즉, 내 몸이 부처가 되는 것입니다. 내가 다른 이를 공경하면 상대방이 나를 공경하게 됩니다.

그리고 심정토心淨土란 마음이 정토인 것을 말합니다. 마음이 청정한 것, 물들지 않는 마음, 본래의 마음, 즉 고향심을 말합니다. 색, 소리, 냄새 등에 흔들리지 않는 마음. 탐하고, 성내고, 좋아하고, 싫어하지 않는 마음을 말합니다. 물든 마음은 나그네 마음입니다.

탐진애증貪嗔愛憎을 내려놓아야 평화가 스며든다고 합니다. 즉, 탐내고 화내고 좋아하고 분노하는 것을 내려놓아야 한다는 것입니다. 사람은 자기 욕심, 완전한 것을 바라니까 성(화)이 나는 것입니다. 눈에 보이는 것에 욕심내고, 성내고, 몸으로 느끼는 것에 좋아하고 싫어하는 것을 경계해야 합니다.

그리고 해인삼매海印三昧의 마음가짐이 필요합니다.

그리고 심정토心淨土란 마음이 정토인 것을 말합니다.
마음이 청정한 것, 물들지 않는 마음, 본래의 마음, 즉 고향심을 말합니다.
색, 소리, 냄새 등에 흔들리지 않는 마음.
탐하고, 성내고, 좋아하고, 싫어하지 않는 마음을 말합니다.
물든 마음은 나그네 마음입니다.

해인삼매란 일렁임이 없는 넓은 바다에 해와 달, 그리고 만물의 형상이 그대로 비치는 것처럼 번뇌가 없는 마음에는 만물의 이치가 그대로 드러난다는 뜻으로 모든 번뇌가 사라진 부처의 마음속에는 과거와 현재, 미래의 모든 업이 똑똑하게 보인다는 것입니다. 눈에 비친 산, 바다, 사람 등 천지 만물은 내 마음 거울에 비춰진 그림자에 불과합니다. 내 마음을 깨끗하게 만들어 놓으면 평화가 오는 것입니다. 이것이 바로 '해인 삼매' 라는 것입니다. 사랑하고 삶에 열정은 가지되 집착하지 않고 자신을 비워내는 것, 이것이 마음을 깨끗하게 합니다.

스님의 법문을 경청하면서 나는 과연 상대방을 배려하고 사는지, 삿된 마음을 갖고 있지는 않는지, 헛된 꿈에 집착하지는 않는지 반성해 보았습니다.

다하지 않는 것,
남겨두는 것이
오히려 미덕이다

때로는 포기함으로써 더 좋은 결과를 얻을 수도 있는 아이러니한 곳이 바로 우리가 사는 세상이 아닌가 싶습니다.

문학평론가 이남호 교수(고려대)는 자신이 쓴 에세이집을 통해 최선을 다해 얻은 결과물 일부를 남겨두거나 자기가 하고자 하는 범위를 정해서 그 안에서 최선을 다하는 것이 오히려 삶의 지혜와 성찰을 건져 올릴 수 있는 좋은 방안임을 충고하고 있습니다.

이남호 교수가 2010년 1월, 지인들과 함께 떠난 보름간의 네팔 안나푸르나 트레킹 여정을 담은 에세이집 《안나푸르나 아이러니 푸르나》 내용입니다.

트레킹 과정에서 고산 적응 훈련으로 인해
고산병에 걸려버린 아들 때문에
정작 정상에는 오르지 못하는 아이러니를 만났다고 합니다.

문명의 천박한 편리를 떠나
열심히 걸어보겠다고 온 안나푸르나에서
따뜻하고 안락한 곳만을 찾는 자신의 모습에서
또다시 아이러니를 발견하였다.

트레킹 과정에서 고산 적응 훈련으로 인해 고산병에 걸려버린 아들 때문에 정작 정상에는 오르지 못하는 아이러니를 만났다고 합니다. 문명의 천박한 편리를 떠나 열심히 걸어보겠다고 온 안나푸르나에서 따뜻하고 안락한 곳만을 찾는 자신의 모습에서 또다시 아이러니를 발견하였다고 전하고 있습니다.

그러면서 그는 "등산을 할 때 정상에 오르는 것에 별 의미를 두지 않는다."며 "나에게 등산은 걷는 과정이지 어떤 목표점이나 정상이 아니다. 그래서 정상에 올라가 환호하기보다는 정상 바로 아래의 호젓한 바위에 앉아 정상을 여유 있게 바라보는 것을 더 좋아한다. 산행 시간이 열 시간이라면 정상에서 머무는 시간은 길어봐야 불과 십여 분이다. 그 십 분을 위해서 아홉 시간 오십 분의 소모가 있어야 한다면 그것은 너무 허무하다. 나에게는 십 분의 영광이 없더라도 아홉 시간 오십 분의 의미가 소중하다. 나는 산의 품 안에서 걷고 즐기기 위해 산을 오르는 것이지 산정에 오르는 짧은 정복감을 위해서 산에 가지는 않는다."고 말했습니다.

또한, '논리와 질서를 발견하려면 크고 높은 관점이 필요하다'는 대목에서는, "비행기 밖의 풍경은 비행기가 점점 산속에서 도시로 다가간다는 느낌을 준다. 산들이 낮아지고, 다랑논과 집들이 점차 많이 보인다. 저 좁고 가파른 다랑논들은, 생존을 위한 고통을 상징하는 것이겠지만, 멀리서 보니 아름답다. 멀리서 보면 고통과 무질서가 보이지 않는다. 집과 도로와 개천과 다리와 논밭 같은 것이 무질서해 보여도, 하늘에서 내려다보면 질서 있게 보인다. 더러운 것도 잘 보이지 않는다."고 말합니다.

이 책의 키워드는 1등할 능력이 있음에도 불구하고, 2등을 하는 것이 더 좋다는 것입니다. 왜냐하면, 그만큼 여유가 생기기 때문이라고 합니다. 다하지 않는 것, 오히려 남겨두는 것이 훌륭한 미덕이라는 것입니다.

우리가 일을 함에 있어서도 선의의 경쟁은 하되, 성과 위주의 지나친 경쟁은 자율성을 박탈하는 등 부작용이 우려되므로 경계하여야 할 것입니다. 그리고 정책을 형성하거나 결정할 때에도 보다 큰 틀에서 바라보고 접근하는 것이 필요할 것으로 생각됩니다.

여유를 가지자,
그리고 자기의 일을 즐기자

인디언 잠언에는 이런 말이 있습니다.

인디언들은 말을 타고 달리다 이따금 말에서 내려 자신이 달려온 쪽을 한참 동안 바라본다고 합니다. 말을 쉬게 하려는 것도, 자신이 쉬려는 것도 아닙니다. 행여 자신의 영혼이 따라오지 못할까봐 걸음이 느린 영혼을 기다린다는 것입니다. 그리고 영혼이 곁에 왔다 싶으면 그제서야 달리기 시작한다고 합니다.

너무 앞만 보고 무작정 뛰다보면 정신없는 사람이 될 수 있습니다.

이와 비슷한 예는 야생동물의 행동양식에서도 찾을 수 있습니다. 풀과 물을 찾아 광활한 초원을 떼지어 이동하는 야생동물의 세계를 보면,

무리의 맨 선두에서 리드하는 놈을 무작정 추종하듯 따라가는데 이러한 현상을 '스탬피드 현상stampede phenomenon'이라고 합니다. 맨 앞에서 무리를 이끄는 녀석은 초원을 누비면서 눈앞에 펼쳐진 새로운 세상을 즐기고 느끼며 나아가지만, 나머지 놈들은 앞서 달리는 무리의 꽁무니만 보고 무작정 뛸 뿐입니다.

지난 1년간 우리는 '곁눈 팔지 말고 정진해야 한다.'는 일념과 강박관념에 사로잡혀 앞만 보고 마구 달려오지는 않았는지 반성할 필요가 있습니다. 앞으로 맹목적으로 앞만 보고 맹렬히 달려갈 것이 아니라 옆도 보고, 뒤도 돌아보는 여유로움을 통해서 자신이 현재 하고 있는 일에 애정을 가지고 보다 즐겁게 임하도록 노력하시기 바랍니다. 그렇게 하다보면 업무의 능률성 향상은 물론, 시행착오도 줄여 나갈 수 있을 것입니다.

마음을
움직이는
지렛대

두 번째 지렛대

닻 내림 효과anchoring effect

—섣부른 판단을 경계하자

두 부류의 사람을 대상으로 간단한 산술문제를 암산토록 문제를 내었습니다.

한 부류에는 1×2×3×4×5×6×7×8은 얼마인가라는 문제를 냈습니다. 그리고 다른 한 부류에는 거꾸로 8×7×6×5×4×3×2×1은 얼마냐고 물었습니다. 그랬더니 1부터 곱셈을 한 첫 번째 부류에서는 낮은 값을, 8부터 곱셈을 한 두 번째 부류에는 높은 값을 내어 놓았다는 실험결과가 있습니다. 정답은 공히 40,320입니다.

이처럼 사람들은 무의식중으로 계산을 할 때 낮은 숫자부터 계산하게 되면 동일한 답임에도 불구하고 높은 숫자부터 계산할 때보다 낮게

답을 낸다고 합니다. 이것을 행동경제학에서는 '닻 내림 효과anchoring effect'라고 합니다.

우리는 여기서 생각하게 됩니다. 우리가 어떠한 일을 할 때나 의사를 결정할 때, 객관적 자료에 의한 과학적 근거에 의해 결정하거나 판단하지 않고, 그저 선입견을 갖고 미리 마음의 닻을 먼저 내리고 사물을 판단하거나 바라보지는 않는지 말입니다. 앞으로 어떤 문제에 대한 판단이 필요할 때에는 서둘러 마음의 닻을 한 곳에만 내려 고정시킬 것이 아니라 닻을 여기저기 놔 보면서 신중하게 판단할 때 시행착오를 예방할 수 있을 것입니다.

이제 경인년도 한 달이 채 남지 않았습니다. 다가오는 새해 신묘년에는 성급하고 섣부른 판단보다는 신중하게 닻을 내리는 관리자가 되어 주시기를 당부드립니다.

수오守吾의 정신

—스스로에게 최선을 다하자

연말연시를 맞이하여 뭇사람은 자기만의 목표를 세우고 또 다짐을 합니다. 그러나 살다보면 뜻대로 안 될 때가 많은 것이 인생사입니다.

최근 일확천금을 노리고 새해 소망과 설계 따위는 안중에도 없이 허황된 꿈으로 탐욕, 유혹에 빠져 돌이킬 수 없는 낭패를 당하는 몰지각한 사람들을 더러 보게 됩니다.

일찍이 다산 정약용 선생의 형 정약현은 자신의 집에 '수오재守吾齋' 라는 방호를 써 붙여 놓았다고 합니다. 이는 자신을 지키는 어려움에 대한 방호防護였다고 합니다. 즉, 세상 천하만물을 지킬 필요는 없지만 나, 자기 자신을 잘 지켜야 한다는 뜻입니다. 다시 말해, 정신 똑바로 차리

다산 초당

고 자기 자신을 지키지 않으면 탐욕에 미쳐, 유혹에 미쳐, 명예에 미쳐 돌이킬 수 없게 된다는 것입니다.

정약용 선생은 귀양살이를 하면서 비로소 형의 이 같은 인생철학을 깊이 깨닫고 자신을 잃지 않는 수오守吾의 삶을 다짐하게 되었다고 합니다.

수오守吾는 자아自我를 지킨다는 뜻입니다. 자아에는 한 사람의 의식과 무의식, 억압된 내면과 밖으로 드러난 성격이나 성향이 모두 반영되어 있거나 잠재되어 있다고 합니다. 자아를 지킨다는 것은 자기 멋대로, 내키는 대로, 자신만의 고집대로, 이기적으로 사는 것이 아닙니다. 순간적인 이론이나 계산에 의해서 자기답지 않은 행동을 하지 않고 어떠한 유혹에도 흔들리지 않음을 의미합니다.

무엇이 더 중요하며, 무엇이 더 자기다운 것인지 알고 깨우치고, 가장 좋은 습관과 에너지를 잘 지키며 스스로에게 최선을 다하는 것이 최상의 일상이라는 것을 명심해야 하겠습니다.

쾌락의 크고 작음은 인생을 좌우할 만큼 중요하지 않다

연말연시를 맞아 송년회 모임이 많아서 힘들고 피로하다고 푸념하며 회식장소로 향하는 사람이 있는가 하면, 송년회도, 오라는 모임도 없어 '내 주위에 그렇게 사람이 없나?' '내가 잘못 사는 것은 아닌가?' 하고 착잡한 기분으로 곧바로 집으로 귀가하는 사람도 있습니다.

이와 관련하여, 조엘 쿠퍼만joel j. kupperman은 자신이 쓴 《훌륭한 인생에 관한 여섯 개의 신화》란 책에서 이렇게 설명하고 있습니다.

그저 물 한 그릇 마시는 단순한 일도 앞으로 당분간 물을 전혀 마실 수 없게 된다는 상황을 알게 되면 더없이 소중해 지는데, 이렇듯 아무리 소박한 즐거움도 적절한 좌절감을 배경으로 하면 인생 최대의 강렬한 즐거움으로 바뀔 수 있다고 합니다.

이는 작은 것을 소중히 하라든지 사소한 것에서 기쁨을 얻으라는 것이 아니라, 즐거움과 쾌락의 크고 작음이 인생 전체를 좌우할 만큼 중요하지 않다는 것입니다. 다시 말해 누구도 인생은 "딱 이렇다."는 식의 정의나 기준을 제시할 수 없다는 뜻입니다.

무릇 사람들은 "인생은 즐거워야 한다.", "행복해야 한다.", "감정보다는 이성이 앞서야 한다."는 식의 보편적 기준을 나름대로 설정해 놓고, 기준에서 벗어나면 쓸쓸해하고 스스로 실패했다고 생각합니다.

모두가 즐거워 보이는 연말연시의 들뜬 분위기 속에서 나 혼자만 약속도, 모임도, 계획도 없다고 슬퍼하지 말고, 쓸쓸함을 인생에 대한 깊은 성찰의 기회로 받아들여 나를 성장시키는 멋진 기회로 삼아보면 어떨까하는 생각을 해 봅니다.

'나는 아직 젊고 건강하다' 고 주문을 걸자

어떤 이는 나이를 먹는다는 것은 늙어가는 것이 아니라 그만큼의 이해와 사랑과 포용력을 지니는 것이기에, 잘 익은 포도주처럼 사람다움으로 익어가는 것이라고 합니다. 그렇지만 요즘은 부쩍 세월이 흐른다는 것, 나이를 먹는다는 것의 의미를 느낍니다.

누구나 그러했듯이 철모르던 10대, 불안하던 20대에는 '어서 빨리 어른이 되고 싶다.' 는 생각을 했었고, 겁 없이 날뛰던 30대와 40대를 맞으면서 '이제 정말 어른이 되어버렸구나.' 하고 느껴졌던 어느 날부터는 '어서 빨리 지치고 힘든 삶의 고비가 지나가버렸으면 좋겠다.' 는 생각을 했었습니다. 그리고 이제부터 인생의 내리막길을 배워야 하는 시점인 중년에 접어들면서 건강과 젊음을 유지해야겠다는 생각을 하게 됩니다.

사람의 평균수명이 늘어나 건강하게 오래 사는 것이 목표가 되고 있는 이 시대에 하루를 살더라도 자신의 꿈을 실현하면서 건강하고 행복하게 자신이 가진 모든 에너지를 멋지게 태우고 가는 것이 최고의 삶이라고 합니다.

이승헌의 《걸음아 날 살려라》라는 책 내용입니다. 사람은 스스로 느끼는 것만큼 나이를 먹게 된다는 대목을 보면, 사람의 나이는 꿈, 열정, 비전의 유무로 판단하는 '정신적 나이', 행복, 즐거움, 기쁨 등 기분으로 판단하는 '기氣적인 나이', 그리고 근력, 유연성, 평형감각 등 체력으로 판단하는 '육체적 나이'가 있다고 합니다. 이 세 가지 나이가 표면적인 달력상의 나이보다 훨씬 더 그 사람을 잘 표현한다고 쓰고 있습니다.

사람은 스스로 느끼는 것만큼 나이를 먹게 되는데, 실제로 육체에는 나이가 있지만 우리 뇌에는 나이가 없다고 합니다. 그리고 뇌를 젊게 만드는 방법은 아주 간단해 뇌를 속이기만 하면 된다고 합니다. 우리 뇌는 컴퓨터처럼 입력하는 대로 출력하기 때문에 주인이 말하고 생각하고 느끼는 대로 움직인다는 것입니다.

자신의 뇌에게 30대의 활기와 열정을 담아서 "나는 30대야."하고 당당히 선언하면, 30대 같은 청춘을 누릴 수 있다고 합니다.

그리고 기적인 나이Energy age를 젊게 만드는 법은 항상 기분이 좋은 상태를 유지하면서, 긍정적인 생각을 많이 하는 게 좋다고 합니다. 또한 주위 사람들과 인간관계를 잘 맺고 자신에 대해서도 건강한 자아상을 가지며, 일상적으로 일어나는 스트레스를 잘 다룰 수 있어야 한다고 합니다.

뇌에서 어떤 호르몬이 분비되느냐에 따라 인간의 사고와 감정, 행동이 달라진다고 합니다. 기쁨과 쾌감을 담당하는 호르몬은 도파민이고, 분노와 공격성은 노르아드레날린, 행복과 평화를 느끼게 하는 호르몬은 세로토닌으로서, 세로토닌 분비가 잘되는 행복한 뇌를 만들기 위해서는 행복을 느끼기 쉬운 상태로 만들면 된다고 합니다. 아주 간단하게 호흡이나 자세, 걸음걸이와 얼굴 표정을 바꾸는 것만으로도 세로토닌 분비가 잘되는 행복한 뇌를 만들 수 있다는 것입니다.

육체적 나이를 젊게 만들기 위해서는 평소의 생활습관이 중요합니다. 84세에 생을 마감한 마오쩌둥의 건강 비결은 기본적으로 채식을 하고 식후에 100보를 걸으며 일을 당해도 화내지 않고 노동과 휴식을 적당히 하는 것(基本吃素 飯後百步 遇事不怒 勞逸適度)이었다고 합니다. 또한, 90세까지 장수한 덩샤오핑은 마오쩌둥의 건강 비결에 더하여 정력의 충만함과 낙관적인 사고를 실천했다고 합니다.

생각날 때마다 '나는 아직 젊고 건강하다.' 고 주문을 걸어봅시다. 그러면 신념과 자신감이 우리를 더욱더 생기 있고 행복하게 만들어 줄 것입니다. 그리고 거울을 꺼내 입꼬리를 살짝 올려 방긋 웃어봅시다. 마치 상대방이 나를 보고 웃으면 나도 덩달아 웃게 되는 것처럼 뇌에서도 똑같이 에너지 동조현상이 일어나 뇌도 따라 웃게 된다고 합니다.

항상 반짝이는 눈으로 세상을 바라보는 어린 아이들처럼 삶에 대한 신비를 간직하고 날마다 희망찬 새날을 맞으며 살도록 노력합시다.

작심삼일, 아무것도 하지 않는 것보다 낫다

'작심삼일作心三日'이라는 말이 있습니다.

이 말의 유래는 맹자《등문공하騰文公下》에 있는 이른바〈호변장好辯章〉에 '그 마음에서 일어나서 그 일을 해치고, 그 일에서 일어나서 그 다스림을 해친다〔作於其心 害於其事 作於其事 害於其政〕'는 맹자의 말에서 유래하고 있습니다.

작심삼일은 두 가지 의미로 쓰입니다. 하나는 사흘을 두고 고심한 끝에 비로소 결정을 하였다는 신중성을 말하고 또 다른 하나는 마음을 단단히 먹기는 하였으나 사흘만 지나면 그 결심이 흐지부지되고 만다는 뜻으로 쓰입니다.

이는 고려 말, 정치가 혼란하고 부정부패하여 관청의 행정명령이 자주 바뀌고 체계가 없는 것을 중국인들이 비아냥거리며 고려의 정령政令이 사흘을 못 간다, 원칙없이 왔다 갔다 한다는 뜻으로 고려공사삼일高麗公事三日이라며 비꼰 말에서 비롯되었다고 합니다. 조선공사삼일朝鮮公事三日도 고려공사삼일의 영향을 받아 생겨났는데 우리나라 사람의 성격이 처음엔 잘하다가도 끝에 가서 흐지부지한다 해서 생긴 말이라고 합니다.

작심삼일에 얽힌 일화입니다. 조선 중기 문신이자 학자인 서애 유성룡이 도체찰사로 있을 때, 각 고을에 발송할 공문서가 있어서 역리에게 발송을 지시하였습니다. 사흘 뒤 그 공문 내용을 고쳐야 할 일이 생겨 발송한 공문을 회수하라고 지시했더니 그 역리가 즉시 공문을 가지고 오는 것이었습니다.

이에 유성룡이 화를 내며 "아니 공문을 어찌하여 네가 고스란히 가지고 있느냐?"며 역리를 꾸짖었습니다. 역리가 대답하기를, "속담에 '조선공사삼일' 이란 말이 있어 소인의 소견으로 사흘 후에 다시 고칠 것을 예상하고 사흘을 기다리느라고 보내지 않았습니다."라고 했습니다. 이 말을 들은 유성룡은 "가히 세상을 깨우칠 말이다. 나의 잘못이다."라며 공문을 수정 후 발송하였다고 합니다.

교육전문기업인 (주)에듀윌에서 2010년 12월 9일부터 12월 22일까지 회원 1,746명을 대상으로 조사한 작심삼일로 끝나는 신년계획을 보면, 1

위가 '규칙적인 운동'으로 전체 26.6%를 차지하였고, 그 다음 '자기계발'이 26.4%, '다이어트'가 23.4% 순으로 나타났습니다. 또한 '신년계획을 실행함에 가장 큰 걸림돌'로는 '의지부족'이 46.4%이었고 '게으름'이 28.4%, '경제적 문제'가 11.7%로 나타났습니다.

우리가 계획한 일이 작심삼일이 되는 주요 이유에 대해 일본 도쿄대 대학원 교수로서 뇌과학 전문가인 이시우라 쇼이치 씨는 "자신의 삶을 개선시키기 위해 스스로 약속한 일을 이루려면 뇌의 구조를 변화시켜 습관을 바꿔야 한다."고 말합니다. 뇌의 구조를 바꾸는 일은 3일로는 안되고 30일간의 지속적인 반복, 즉 작심삼십일作心三十日이 필요하다."라고 강조합니다.

사람이 어떤 목표를 세워서 한 달간 지속하면 그것과 관련된 뇌의 구조를 바꿀 수 있어 큰 효과를 볼 수 있다고 합니다만 사람의 뇌는 금방 싫증을 내는 성질이 있기 때문에 한 달이나 지속적으로 목표를 실천한다는 것은 쉽지 않은 일입니다.

이 때문에 싫증내는 뇌를 달래가며 반복학습을 하기 위해서는 목표를 반드시 수치로 잡아 구체화할 필요가 있다고 합니다.

신년에 세운 계획의 성패는 작심삼일에 달려 있음을 명심하고 싫증내는 뇌를 잘 달래 가면서 올해는 꼭 목표달성에 성공하시기를 기원합니다.

여기서 우리가 생각해 볼 점은 수많은 실패보다 훨씬 나쁜 것이 아예 포기하는 것입니다. 작심하는 것 자체는 해보겠다는 의지의 결정체입니다. 아무것도 하지 않는 것보다는 훨씬 낫다는 것입니다. 성현들 가운데도 작심삼일로 끝난 사례는 많이 있습니다. 작심삼일도 매일 바뀌는 조령모개나 조변석개보다는 낫습니다.

실패는 부끄럽지 않는 것입니다. 작심삼일은 수치스러운 것이 아니라 용기있는 시도입니다. 작심삼일을 122번만 하면 작심 365일, 작심일년이 되지 않겠습니까. 세상사 마음먹기 나름입니다. 당장 눈앞에 생각나는, 즉흥적으로 계획을 세울 것이 아니라 신중하게 생각한 끝에 비로소 결정하는 것이 바람직하다고 생각됩니다.

인생의 혹한기를 대비해 어떤 준비를 하고 있는가?

얼마 전 서울대공원에서 아기 곰 한 마리가 겨울잠도 자지 않고 연상의 암놈과 짝짓기 실패로 인한 스트레스로 우리 밖으로 탈출했다는 우스갯소리가 시중에 퍼지면서 화제가 된 적이 있습니다.

그런데 곰은 왜 겨울잠을 잘까요? 자연에서 겨울잠을 자는 동물들을 동물원에 들여놓으면 대부분 겨울잠을 자지 않는다고 합니다. 곰과 같은 동물들이 동면을 취하는 건 추위를 피하기 위해서가 아니라 먹이가 부족하기 때문이라는데, 동물원에서는 매일 일정한 먹이를 주기 때문에 겨울잠을 잘 이유가 없나는 겁니다.

하지만 개구리와 뱀 등은 외부온도가 떨어지면 체온도 함께 떨어지는

'변온동물' 이기 때문에 곰과는 겨울잠을 자는 이유가 다르다고 합니다. 그래서 요즘같이 혹독하게 추운 겨울에는 체온 유지를 위해 깊은 땅속에서 겨울잠을 잔다고 합니다. 그런데 신기한 것은, 이 동물들은 체온이 영하 1~2℃로 내려가도 혈액이 얼지 않는다는 것입니다. 심지어 영하 50℃ 정도 되는 시베리아 툰드라 지역에서 서식하는 북극땅 다람쥐는 꽝꽝 얼어붙은 동토에서 무려 8개월 동안 겨울잠을 잔다고 알려져 있는데 이때의 체온이 영하 2~3℃ 내려가도 혈액이 얼지 않는다고 합니다.

이와 같이 저마다 겨울잠을 자는 이유는 다르지만, 공통적으로 하는 일은 겨울잠을 자기 전에 그야말로 닥치는 대로 먹어 체중을 두 배 이상 늘린다는 것입니다. 이는 혈액 속에 엄청난 포도당을 비축해 둬야만 혈액이 어는 빙점을 낮출 수 있기 때문이라고 합니다. 겨울이 온다는 걸 미리 알고 대처할 줄 안다는 것이 신기할 따름입니다.

여러 가지로 힘들고 어려운 요즈음, "부지런히 많이 먹고 포도당을 많이 만들어 놓은 후 푹~ 자. 그러면 좋아질 거야."하며 아무리 혹독한 추위가 와도 얼지 않고 살아갈 방법이 있다는 것을 이 동물들이 우리에게 일깨워 주는 듯합니다.

늘 꽃 피고, 새 우는 봄 같은 날만 이어질 수는 없는 것이 우리들의 삶입니다. 지금까지 살면서 몇 차례 인생의 혹한기를 겪었고 또 어쩌면 몇 번 더 겪을지도 모릅니다. 앞서 살펴본 동물들의 겨울나기를 통해 우리는 인생의 혹한기를 대비하여 과연 나만의 포도당을 얼마나 비축했는지 생각해보는 계기가 되기를 바랍니다.

세상을 변화시키는 건
사람을 향한
작고 따뜻한 움직임

오늘은, '세이브 더 칠드런save the children' 에서 벌이고 있는 '아동구호사업' 에 관해 얘기하고자 합니다. 바로 '신생아 살리기 모자뜨기 키트' 에 대한 이야기입니다.

'신생아 살리기 모자뜨기 키트' 란 손뜨개로 털모자를 짜서 아프리카나 서남아시아 등지에 보내어 신생아들의 저체온증을 예방하는데 도움을 주는 상품입니다.

이처럼 어려운 이웃을 도와주는 형태의 '착한 소비' 상품이 인터넷 쇼핑몰 최고 히트상품으로 등극해 잔잔한 감동을 주고 있다는 소식입니다.

최근 GS숍의 발표에 따르면 지난 며칠 사이 일일판매량을 분석한 결과, 기부상품인 '신생아 살리기 모자뜨기 키트' 가 80여 만 종의 일반상품을 제치고 1위를 차지하였다고 합니다.

이 상품은 지난 2007년부터 연말마다 판매해 왔는데, 2010년 10월 13일 판매 재개 후 총 5만 8,000여 개가 팔려 7억 원의 매출을 올렸다고 합니다. 12,000원짜리 키트에는 모자 2개를 뜰 수 있는 털실, 뜨개질 줄바늘, 돗바늘, 반송용 봉투, 신생아 살리기 스티커 등이 들어 있는데, 지난해 12월 24일 방송된 '크리스마스 스페셜 모자뜨기 키트' 의 경우 30분 만에 1,332세트나 판매가 되었다고 합니다.

고객이 보내준 털모자는 금년 4월 말리, 에티오피아, 네팔 등에 보내지며 모자뜨기 키트 판매 수익금도 이들 나라의 영유아 보건영양증진사업 후원금으로 사용될 예정이라고 합니다.

이처럼 짧은 시간과 작은 정성만으로 한 아이를 도울 수 있다고 하니 생각만 해도 행복해지는, 가슴 따뜻한 쇼핑이 아닐 수 없습니다.

이러한 사업은, '걱정인형' 이라는 과테말라 전설이 모티브가 되었다고 하는데, 이것은 손가락만 한 작은 인형에게 자신의 걱정을 얘기해 주고 베개 밑에 두고 자면 밤새 인형이 대신 걱정을 해 준다는 전설에서 착안되었다고 합니다. 한 땀 한 땀 수작업으로 만들어지는 '걱정인형' 판매 수익금은 제3세계 어린이에게 축구공이라는 선물로 돌아간다고 합니다.

세상의 모든 가난과 걱정을 손바닥만 한 털모자나 걱정인형이 해결하기에는 턱없이 작고 부족하다는 걸 잘 압니다. 하지만 세상을 변화시키는 건 이렇게 사람을 향한 작고 따뜻한 움직임에서 시작되는 것이 아닌지 우리 모두 깊이 생각해 보고 동참해 보는 것은 어떻습니까?

사랑에는 유효기간이 없다

프레데릭 베그베데가 쓴 《3년 : 사랑의 유효기간》이라는 책을 보면, 사람은 결혼 후 3년이 지나면 '사랑'은 흔적도 없이 사라지고 그 끝은 이혼과 자살, 혹은 아이를 가져 결혼 생활을 받아들이게 되는 세 가지 중 하나가 되고 만다고 이야기하고 있습니다.

남녀 간의 사랑에 유효기간은 정말로 존재하는 것일까요? 애당초 사랑에 대한 연구는 예술가들의 몫이었다고 합니다. 과학이 침범할 수 없는 성역이었죠. 그런데 몇 년 전 미국 코넬대학교 인간행동연구소의 신디아 하잔 교수팀이 다양한 문화 집단의 남녀 5천 명을 대상으로 남녀 간의 애정이 얼마나 지속되는지 알아보기 위해 설문조사를 실시하였습니다. 남녀 간의 가슴 뛰는 사랑의 감정은 빠르면 18개월에서 길어야 30

개월 정도 지속된다는 조사결과를 발표하였습니다. 사랑에 대한 환상이 깨어지는 순간이죠. 그렇게 과학자들에게 있어 '사랑' 이란 화학적 작용의 결과에 불과했던 것입니다.

우리 뇌에서 분비되는 각종 호르몬 중 도파민과 페닐에틸아민, 옥시토닌, 그리고 엔도르핀이 차례로 분비되면서 일어나는 현상이 우리가 신비롭게 그리고 아름답게 부르는 '사랑' 이라는 것입니다.

과학자들이 조사 · 분석한, 사람들이 사랑에 빠지는 단계를 살펴보면, 그 첫 번째 단계는 '좋아하는 사람의 얼굴만 봐도 행복해 진다.' 는 느낌이 드는 것이라고 합니다. 하지만 이는 최음제와 같은 '도파민' 이라는 호르몬의 분비량이 늘어나서 생기는 반응이라고 합니다. 두 번째 단계는 '그 사람에 대한 사랑을 멈출 수가 없다.' 고 여기는 것이라고 합니다. 그런데 이 또한 각성제와 같은 '페닐에틸아민' 이라는 호르몬의 분비량이 증가하여 생기는 반응이라고 합니다. 세 번째 단계는 '그 사람과 계속 함께 있고 싶어서 견딜 수가 없다.' 는 반응으로서 이는 유전자의 변성자와 관련된 '옥시토신' 이라는 호르몬의 작용 때문이라고 합니다. 그리고 네 번째 단계는 '그 사람과 함께 있으면 그저 마음이 풍요롭고 기분이 좋아진다.' 고 느끼는 것인데 이건 체내 마약물질인 '엔도르핀' 이라는 호르몬의 분비량이 늘어나서 생기는 생리현상이라고 합니나.

한 마디로 '사랑' 은 이러한 네 가지 호르몬의 조화로운 작용에 의해 생겨나고 유지되는, 약물 중독이라는 것입니다. 하지만 이 약물은 30개월만 지나면 내성이 생겨서 조화로운 작용이 깨지고 사랑의 감정도 사라지게 된다고 합니다. 이것이 바로 사랑에도 유효 기간이 있다는 주장을 뒷받침해주는 근거가 된다는 것입니다.

그러나 이와 관련하여 어느 분은 '유효 기간이 있는 사랑은 없다.' 고 주장합니다. 만약 있다 하더라도 자신의 노력 여부에 따라 유효 기간은 길어지기도 짧아지기도 하는 것이므로 서로에게 다시 이성적인 매력을 느끼게 되는 바로 그 순간, 사랑의 호르몬은 다시금 분비되기 시작한다고 말입니다.

지금 옆에 있는 사람이 당신에게 소홀해졌다고 느껴진다면 우선 지금 당신의 모습부터 한번 되돌아보아야 할 것 같습니다. 혹시 푸석푸석한 얼굴을 들이밀면서 상대방에게 사랑의 속삭임을 기대하고 있지는 않은지. 우리 모두 건강하고 활력 넘치는 삶을 유지하기 위해서 멈춰버린 사랑의 호르몬이 다시 분비될 수 있도록 또다시 사랑에 빠지는 노력을 해야 할 것 같습니다.

일본인은 왜 '막사발'에 열광하는가?

조선의 '이름 없는 사기장(도공은 일본식 표현)'이 별 생각 없이 만든 그릇으로 일반인들에게 알려져 있는 막사발. 한문으로는 '다완茶碗'이라고 부르고, 일본말로는 '이도차완井戶茶碗'이라고 부르는 이 잔에 일본인들이 매력을 느끼는 건 도대체 무슨 연유일까요?

일본 다이쇼시대 미술평론가 야나기 무네요시가 우리 막사발에 대해 예찬한 글을 보면 "아름다움이 무엇인지도 모르는 무명의 도공이 무심하게 자기가 만들었다는 것도 모르고, 작품에 자기의 뜻을 넣는 것조차 잊어버린 겸양의 마음으로 빚었기에 미의 극치가 된다."고 평가하였습니다.

일본에는 대략 200여 점의 막사발이 소장돼 있다는데, 그중 일급 보물이 3점, 중요문화재만 20여 점에 이른다고 합니다.

지난 94년 국보 '기자에몬이도(喜左衛門井戸)'를 한국인으로서는 400년 만에 처음 접했다는 소설가 정동주 선생은 일곱 겹 오동나무 상자 안에 들어 있는 우리 그릇, 다완을 보는 순간 "일본에 끌려와 일본의 미학이라는 성채 안에 유폐되어 있는 슬픔이 가슴을 짓눌렀다."고 말해 막사발에 얽힌 우리의 아픈 역사에 대한 심경을 토로한 바 있습니다.

막사발이 고려다완이라는 이름으로 통칭되면서 일본 무사들의 관심을 끈 것이 16세기. 당시 무사들은 차문화를 정치책략으로 이용하기 시작했습니다. 그 시발점에 오다 노부나가(일본 센고쿠 시대 무장)가 있고 도요토미 히데요시는 더욱 이도차완을 애호했다고 합니다. 이처럼 일본 무사들이 중국 찻잔과 조선시대의 여러 사발을 두고 이도차완에 집착하게 된 연유는 무사들이 신뢰를 바탕으로 농차濃茶를 돌려 마시며 결속을 다지는 음차법에서 비롯되었다고 하는데, 이 농차음차법을 즐기기엔 중국 천목차완보다는 이도차완이 훨씬 잘 어울렸다는 것입니다.

다시 말해 이도차완의 그 당당한 생김새와 매력에 사로잡혔던 것입니다. 특히 차완의 굽 주변과 밑 부분의 오톨도톨한 부분이 매화피(梅花皮) 같기도 하고, 당시 무사가 쓰는 칼의 손잡이와 칼집의 소재로 사용된 철갑상어 가죽같이 생겼다 하여 그들의 마음을 더욱 매료시켰다고 합니다. 그리고 그들은 이 유약 뭉침 현상을 보고 '평범 속의 비범이 주는 파격의 아름다움' 이라고 극찬하게 되었다고 합니다.

그러면 왜 우리 그릇에 '이도(井戶)' 라는 이름이 붙여졌을까? 이에 대해 전문가들 사이에서는 오늘 날까지도 설왕설래하고 있는데, '이도' 라는 성씨를 가진 대마도 사람이 조선에서 막사발을 구해 일본에 전하면서 그의 성을 땄다는 설, '새미골' 이란 지명으로 불리는 가마에서 제작되었기 때문에 '이도' 라는 이름이 붙여졌다는 설 등 명확한 근거를 찾지 못한 채 여러 가지 '설' 만 난무하고 있는 실정입니다.

이 그릇의 용도는 세간에 잘못 알려진 대로 서민이 쓰던 '막사발' 이 아니고 조선 절간의 발우(스님의 식기)탁발이나 공양을 올릴 때 사용하던 것으로써 그릇에 도는 비파색은 석가모니의 '최후의 깨달음' 을 뜻한다고 합니다.

뭉근하고 투박한 맛이 나는 그릇. 그러나 요변窯變에 의해 유약의 흐름과 멈춤이 미완의 멋을 창출한다는 평가를 받는 건 아마도 무덤덤하고 무심한 그 모습이 덕스럽고 순수한 모습을 담고 있을 뿐 아니라 차의 중용사상이나 겸양지덕의 정신과 닮아 보이기 때문이리라 생각됩니다.

차茶는 이처럼 덕성을 잘 살려주는 찻사발을 만남으로써 비로소 무위자연의 맛과 미를 창출하게 된다고 합니다. 따뜻한 차 한 잔이 그리운 계절. 우리 모두 녹차 한 잔 우려 마시면서 우리 것에 대한 소중함을 일깨우고, 몸과 마음을 닦고 자연을 사랑하는 마음을 기르면 보다 순박하고 여유로운 직장문화가 조성되지 않을까 하는 생각을 해 봅니다.

무엇인가에 빠져 산다는 건 행운이 아닐까?

얼마 전, 미국의 신경정신과 전문의 올리브 색스 박사는 자신이 직접 조사한 임상과 전문가의 조언 등을 토대로 '음악이 인간에게 끼치는 영향' 에 대한 책을 출간하여 많은 이들의 관심을 불러 일으키고 있습니다.

그가 쓴 책 《뮤지코필리아》는 Music(음악)과 Philia(사랑)의 합성어입니다. 어떤 병에 걸리거나 사고를 당한 후 '갑작스레 음악적인 재능을 분출해 내는 사람', '절대음감', 그리고 음악에 특출난 능력을 보이는 '윌리엄스 증후군' 환자들과 '서번트 신드롬', '눈에 보이지 않지만 음악에 재능을 보이는 사람' 등등 음악과 관련된 불가사의해 보이는 일들이 사실은 '과학적' 이라는 것을 근거를 들어 설명하고 있습니다.

이 책 내용 중 관심을 끄는 대목은, 뇌에 어떤 특별한 질병이 일어날 경우, 음악적인 재능이 생길 수 있다는 것이었습니다. 다시 말해 듣는 음악이라고는 락Rock음악밖에 없었던 사람이 어느 날 번개를 맞고 갑자기 클래식 음악에 푹 빠질 수도 있다는 것입니다.

저 멀리 먹구름이 보이고 곧 비가 내릴 것 같던 1994년 어느 날, 한 남자가 공중전화박스에서 어머니와 통화를 하다가 번개를 맞아 의식을 잃고 쓰러졌으나 다행히 별 탈 없이 정상적인 생활을 하게 되었는데, 며칠 후 그 남자에게 놀라운 일이 일어났다고 합니다.

화제의 인물은 바로 정형외과 의사 토니치 코리아라는 자였는데, 클래식 음악에 전혀 관심이 없었던 그에게 갑자기 피아노 연주를 듣고 싶다는 강력한 욕망이 샘솟더라는 것입니다.

그래서 클래식음반을 사 모으기 시작했으며 특히 쇼팽의 음악에 흠뻑 빠졌다는 것입니다. 급기야는 직접 연주를 하고 싶다는 욕망이 솟구쳐서 독학으로 피아노를 치기 시작했고, 그 다음에는 더 놀라운 일이 벌어졌다고 합니다.

악보를 쓸 줄을 몰라서 넘쳐흐르는 음악을 받아 적을 수는 없었지만 음악에 대한 열정이 얼마나 대단했던지 새벽 4시에 일어나서 출근 전까지 피아노를 쳤고, 퇴근 후에도 곧바로 피아노 연주에 심취했다가 결국 이혼까지 당하는 지경에 이르고 맙니다.

세월이 꽤 흐른 후에도 토니치 코리아의 머리에는 별 이상이 없었고,

의사들은 새로 개발된 기술로 다시 정밀검사를 해보자고 제안했지만 그는 "그대로 두는 것이 나을지도 모르겠다."며 사양했다고 합니다. 번개를 맞고 생긴 음악에 대한 열정을 축복으로 받아들인 것입니다.

번개를 맞든 뭘 맞든 무엇인가에 평생 푹 빠져서 살 수 있다면 큰 행운이 아닐까…. 생각이 깊어지는 아침입니다.

인간의 뇌, 바보인가?

어느 강연장에서 연사가 청중의 한 여인을 일으켜 세우고 말했습니다. "지금부터 당신에게 새빨간 거짓말을 하겠습니다. 당신은 매사에 긍정적이고 책임감이 있군요. 리더십이 있고 유머감각도 좋아서 사람들이 잘 따르고 부하들의 신뢰를 얻고 있습니다…." 연사가 여성에게 느낌을 물어보자 "기분이 좋군요."라고 대답했습니다. 연사가, "처음에 나는 '거짓말' 을 하겠다고 했습니다. 그런데도 기분이 좋아요?"

이 이야기는 인제대 서울백병원 정신과 우종민 교수가 지난해 11월 KT강연회장에서 '실험' 해 보았다고 밝힌 사례입니다.

우 교수에 따르면 거짓이라는 것을 알면서 칭찬을 받은 사람과 진짜라고 믿고 칭찬을 받는 사람의 뇌를 비교 연구한 결과 양자 모두 동일하게 뇌의 쾌락을 관장하는 부위가 활성화되더라는 것입니다. 뇌는 현실과 언어를 혼동하고 있다는 것이 그의 주장입니다.

이와 관련하여 1995년 뉴욕대학 심리학과의 존 바그 교수도 이와 비슷한 연구결과를 내놓았습니다. 한 부류의 피실험자에게는 "피부 · 주름진"과 같이 노인과 관련된 단어를, 또 한 부류에는 "피부 · 부드러운"처럼 나이 듦과 관련이 없는 단어를 각각 제시하였습니다. 측정한 결과, 노인과 관련이 있는 단어가 들어간 문제를 푼 그룹의 걸음걸이가 느렸다는 것입니다. 현실과 전혀 상관없이 "지금은 노인과 관련된 상황"이라고 판단을 내리고 무의식적으로 걸음이 느려진 것이라고 합니다.

또 다른 실험결과입니다. 한 집단에게는 '공격적' '무례한' '침입하다' 등의 단어들을, 다른 한 집단에겐 '공손한' '양보하다' '예의 바른' 등의 단어를 조합하여 하나의 문장으로 만들라는 문제를 제시하고 다음 문제를 낼 때까지 기다리게 하였습니다. '무례' 그룹은 평균 5분 정도 지나자 남의 대화에 끼어드는 등의 반응을 보인 반면, '예의' 그룹은 82%가 제한 시간 동안 질서를 지켰다는 것입니다. 경향성을 띤 몇 개의 단어에 노출되는 것만으로 행동방식은 이처럼 달라지더라는 것입니다.

이뿐 아니라 우리의 뇌는 현실과 생각의 차이도 잘 구분하지 못한다고 합니다. 1998년 네덜란드 네이메헌 대학교의 실험결과를 보겠습니다. 대학생 피실험자를 둘로 나누어 한 그룹에는 대학교수의 속성을, 다른 그룹에는 축구 훌리건의 속성을 생각하게 하고 어떤 문제를 냈더니 대학교수에 대해 생각했던 그룹의 55.6%가 정답을 맞히더라는 것입니다.

이와 같은 실험결과를 볼 때 우리의 뇌는 현실과 언어 · 단어 · 생각을 구분할 능력이 없다는 것입니다. 따라서 긍정적인 말과 칭찬, 좋은 생각을 더 많이 하고 살아야 한다는 것이 전문가들의 조언입니다.

유머 역량을 꾸준히 갈고 닦자

옛날 선사시대에 살던 사람들은 어떤 위기를 맞았을 때 선택할 수 있는 대안이 단 두 가지밖에 없었다고 합니다. 맞서 싸우든지, 아니면 도망을 치든지.

그러나 요즘에는 '유머' 덕분에 세 번째 대안이 생겨났다고 합니다.

맞서 싸울 것이냐, 도망을 칠 것이냐, 아니면 웃을 것이냐가 그것입니다. 과거와는 전혀 다른 종류의 위기와 갈등 속에서 엄청난 스트레스를 느끼며 하루하루를 살아가고 있는 우리에게 웃음이 얼마나 중요한 역할을 하는지에 대해서는 새삼 설명할 필요가 없을 것 같습니다.

가정의학과 전문의 박민수 박사는 웃음의 효과를 다음의 다섯 가지로 요약합니다.

첫째, 하루 30번의 박장대소하기는 만보 걷기만큼이나 심장병을 예방하는데 탁월한 효과가 있다고 합니다. 웃음은 교감신경계 반대편인 부교감신경을 자극하는데 부교감신경계가 활성화되면 혈압이 낮아지고 긴장을 완화시켜 심장병에 큰 도움을 준다고 합니다.

둘째, 박장대소를 하면 몸 전체 근육 650개 중 231개가 효과적으로 움직인다고 합니다. 그래서 웃음을 '몸 안의 조깅Internal Jogging' 이라고까지 한답니다.

셋째, 웃음은 즉각적으로 행복감과 긍정감을 고양시키며 걱정, 불안을 줄여준다고 합니다.

넷째, 웃음은 생각을 멈추게 해 스트레스를 감소시키고 숙면을 할 수 있는 심리적 상황을 만든다고 합니다.

마지막으로, 웃으면 스트레스 호르몬이 감소하고 항암이나 항바이러스 능력이 뛰어난 세포가 활성화되어 면역력을 높이고 각종 통증을 덜어준다고 합니다.

다른 사람을 웃기는 방법과 웃음의 종류에는 여러 가지가 있지만 평소 잘 알고 지내는 사람, 내게 호의를 갖고 있는 사람은 가벼운 수준의 농담(조크)이나 유행하는 개그 몇 마디로 얼마든지 웃으며 이야기를 끌어 나갈 수 있습니다.

반면에 비우호적인 감성을 갖고 있는 사람, 어떻게 해서든 나를 깎아내리려고 벼르는 사람, 비난과 비판조의 발언으로 나를 궁지에 몰아넣는 사람에게 선불리 웃겨보려 시도하는 것 자체가 자칫하면 곤혹스럽고 위험한 상황을 초래할 수도 있습니다.

상대를 서로 존중하면서 대립보다는 상생과 협력을, 갈등보다는 화합과 단결을 위해 노력하는 사이에는 탁월한 유머 감각은 굳이 필요하지 않습니다. 그러나 긴장과 불안을 극복하고 서로 싸우지 않으면서도 모두가 이길 수 있는 세상을 이끌어가고 싶은 사람은 유머 역량을 꾸준히 갈고 닦아야 합니다.

유머와 위트를 갖춘 사람은 자연히 주변에 항상 사람이 몰리고 대인관계도 원만할 뿐 아니라 매사에 자신감도 있어 조정과 협상에도 우수합니다. 시時테크나 재財테크 못지않게, 유머테크야말로 현대를 살아가는 우리 모두에게 꼭 필요한 성공과 행복의 길잡이가 아닐까 생각합니다.

비언어적 의사소통 방법을 활용하자

공간과 거리는 의사소통 과정에 알게 모르게 미묘한 방식으로 많은 영향을 미친다고 합니다.

미국의 인류학자 에드워드 티 홀Edward T.Hall 박사의 연구결과에 따르면 동물들이 지닌 영토역territoriality과 마찬가지로 인간 역시 자기 나름의 개인적인 공간 안에서 살아간다고 합니다. 사람들은 서로 남의 공간을 침범하지 않으면서도 다른 사람과 가깝게 지낼 수 있는 최적의 거리를 유지하고자 노력한다는 것입니다. 사람들이 무의식적으로 다른 사람들과 상호작용할 때 사용하는 거리를 친밀간격intimate distance, 개인적 간격personal distance, 사회적 간격social distance, 공공적 간격public distance의 네 가지로 분류한다고 합니다.

먼저, '친밀간격' 이란 15㎝~46㎝의 거리, 즉 상대방의 숨결이 느껴질 정도의 거리입니다. 이 간격은 자신의 소유물처럼 보호하는 가장 중요한 공간으로서 정서적으로 친밀하게 느끼는 연인이나 배우자, 부모 · 자식 관계, 아주 가까운 친구나 일부 친척 등으로 제한되는 사이라고 합니다.

다음으로, '개인적 간격' 은 팔을 뻗어서 닿을 정도인 46㎝~1.2m의 거리입니다. 이 간격은 각종 사교모임이나 가까운 친구모임 등에서 다른 사람과 편안하게 이야기할 수 있고 접촉할 수 있는 거리를 말합니다. 일반적으로 조용한 대화를 나눌 수 있는 거리라고 합니다.

그리고 '사회적 간격' 이란 1.2m~3.6m의 거리로 '보통 목소리' 로 말할 때 들을 수 있는 거리를 말합니다. 이 간격은 낯선 사람과 유지하는 일반적 거리입니다. 공식적인 의사결정, 물건을 사고파는 사회적 담화에 적합한 거리로 주로 대인업무를 수행할 때 사용된다고 합니다. 감독관이 자신의 높은 지위를 나타내기 위한 방법으로 고용주가 고용인을 응시하는 거리 정도를 말합니다.

마지막으로 '공공적 간격' 은 목소리를 높여서 이야기를 해야 하는 3.6m 이상의 거리를 말합니다. 이 간격은 교사가 학생에게 강의를 하거나 많은 사람에게 연설이나 강의를 하려고 할 때 편안하게 느끼는 거리라고 합니다.

거리와 공간의 문제는 지배와 권력의 문제와도 관련성을 지닙니다. 대개 우세한 동물이 열등한 동물보다 더 큰 공간을 차지하는 것처럼 인간도 지배계층은 소외계층에 비해 훨씬 더 넓은 공간을 차지합니다.

이러한 상관성은 특정 공간 안에서의 좌석배치 등에서도 쉽게 확인됩니다. 고용주는 피고용주와 일정 거리를 유지할 수 있는 지점에 보다 큰 책상을 차지하고 아무리 작은 모임에서라도 지도자는 상석을 차지하는 것이 바로 거리와 공간과의 상관성 때문이라는 것입니다.

방의 배치, 회의탁자 모양 등의 공간적인 요소 역시 의사소통의 전개에 영향을 미칠 수 있다고 합니다. 예를 들어 직사각형 탁자에 앉은 사람보다 원형탁자에 앉은 사람들이 더 평등하게 의사소통을 한다는 것이 연구 결과를 통해 입증되고 있습니다.

그런가 하면 탁자를 사이에 두고 얼굴을 마주보고 앉는 것은 경쟁관계로 지각되기 쉬운 반면, 대각선이나, 모서리와 모서리 배치는 협력적인 관계로 보기 쉽다고 합니다. 대각선으로 앉게 되면 탁자나 책상 모서리가 자신의 영역으로 원치 않는 침범을 해오는 것에 대해 어떤 안전지대를 형성하면서도 밀접한 접촉을 유지할 수 있다는 것입니다. 이러한 공간이나 위치에 대한 고려도 높은 의사소통적 가치를 지닐 수 있다는 것은 매우 흥미로운 현상이 아닐 수 없습니다.

사회가 발전함에 따라 시민들의 의식수준도 점차 높아지고 사회 곳곳으로부터 변화를 요구받는 등 행정환경이 예전 같지 않습니다. 시민과의 원만한 대화를 통해 행정에 대한 관심과 참여, 그리고 협조를 이끌어 내기 위해서는 비언어적 소통, 공간언어에 대한 중요성을 깨닫는 기회가 되었으면 좋겠습니다.

설 명절, 서로 위로하는 따뜻한 마음을 가지자

오늘은 '미녀와 야수', '노트르담의 곱추'와 같이 섬뜩하면서도 애절한 로맨틱 미스터리의 걸작, 《오페라의 유령》(프랑스 작가 가스통 르루 작(作)) 속에 등장하는 유령이 쓴 '가면'에 대한 얘기를 하고자 합니다.

이 뮤지컬은 천상의 목소리를 갖고 태어났지만 선천적인 기형 때문에 평생 가면을 쓰고 오페라 극장 지하에서 살아야 했던 한 남자 주인공의 비극적인 사랑이야기입니다.

가면은 초자연적인 힘을 빌려 강해지고 싶을 때 쓰기도 했고, 가장 악한 사람들이 택하는 겉옷 같은 것이기도 합니다. 《오페라의 유령》에서 유령이 선택한 가면, 그것은 이 두 가지를 다 포함한 가면일지도 모릅니다.

그는 깊은 상처를 가려야만 했고, 사람들에게는 두려움을 심어줘야 했기 때문에 '가면'이 필요했을 것입니다. 어쩌면 유령에게 가면이 필요했던 가장 큰 이유는 가면 뒤에 가려진 눈물을 사람들이 보지 못하도록 하기 위해서 더욱 필요했을지도 모릅니다. 하지만 단 한 사람, 유령이 사랑했던 크리스틴만은 예외였습니다.

유령이 크리스틴을 자신의 지하 은신처로 납치해서 자신과 영원히 같이 살든지 아니면 그녀의 약혼남 라울의 죽음을 택하라고 위협합니다. 오랜 세월 지하에서 홀로 살아야 했던 유령의 아픔, 그리고 흉측스러운 외모와는 달리 순수한 영혼을 지닌 그를 이해하게 된 크리스틴은 유령에게 다가가서 키스를 합니다. 이에 감동을 받은 그는 크리스틴과 그녀의 약혼남 라울을 풀어 주는 것이 이 오페라의 줄거리입니다.

누군가가 가장 강해질 때는 사랑하고 있을 때라고 합니다. 그리고 누군가가 가장 약해질 때에도 사랑하고 있을 때라고 합니다.

크리스틴이 유령에게 입맞춤했을 때 유령은 그가 평생 마음에 가지고 있던 모든 상처를 치유받았습니다. 그 입맞춤 하나로 모든 상처가 치유될 수 있었다는 건 역설적으로 그의 고독과 상처가 얼마나 깊었던 것인지를 드러내는 것이었습니다.

일상을 살아가는 우리에게도 가면이 필요했던 순간이 적지 않았다는 생각이 듭니다. 크리스틴의 입맞춤으로 치유된 유령의 상처처럼 우리에게도 단순한 말 한 마디로 녹아내린 상처가 있었을 것입니다.

돌이켜보면, 때로는 가식도 있었고 사소한 오해로 인해 서로 갈등하거나 상처를 준 일도 있었을 것입니다. 그동안 소원했던 이들을 향해 설 명절을 맞아 내가 먼저 따뜻한 손길을 건네는 아량을 베풀어보면 어떨까요?

이번 설날, ‘마중’ 다운 ‘마중’을 진하게 느껴보자

순수 우리말에 ‘마중물’ 이란 말이 있습니다. 이는 메마른 펌프에 물을 끌어올리기 위해 먼저 붓는 물을 말합니다만 ‘마음을 여는 신뢰의 물’ 을 의미하기도 합니다. 즉, 고였던 샘물이 솟아올라 물줄기가 되듯이 사람들 사이의 신뢰가 강물을 이루게 된다는 뜻입니다.

‘마중’, 반가움의 시작이자 따뜻한 만남이며 설레는 기다림이 잔뜩 담겨 있는 정성스럽고 따뜻한 말입니다. 생각해 보니까 배웅을 받은 적은 많은 것 같은데 마중을 받아 본 기억은 드물었다는 생각이 듭니다. ‘마중’ 과 ‘배웅’, 비슷한 것 같으면서도 그 느낌은 사뭇 다릅니다.

등 뒤로 길게 여운이 남는 ‘배웅’ 이 가슴에 돌덩이 하나 얹은 것처럼 눈물짓게 한다면, 저 멀리 눈앞에서부터 보이는 '마중'은 어깨에 진 무거운 짐을 내려놓는 것처럼 환한 미소를 짓게 만듭니다. 그러니 '배웅'이 하나가 둘이 되는 거라면, '마중'은 둘이 하나가 되는 것입니다.

언제 올지도 모르는 나를 마냥 길에서 기다렸다는 건, 그만큼 나를 반가워 한다는 뜻이고 걱정했다는 뜻이고 사랑한다는 뜻입니다. 다시 말해 '마중'은 챙겨주는 마음, 당신의 애씀을 충분히 이해한다는 마음의 표현이요, 사랑의 표현인 것입니다.

학창시절, 비가 올 때면 어김없이 교문 앞에서 서성이시던 어머님, 그리고 야근으로 늦게 귀가할 때면 마을 어귀에서 기다려 주시던 어머님과 동생들. 누구에게나 이런 아련한 '마중'의 추억들이 있을 것입니다.

문태준의 시집 《느림보 마음》을 보면, 말만 들어도 애틋하고 아름다운 '마중' 다운 '마중'을 더욱 진하게 느낄 수 있는 대목이 있습니다.

"내 시골마을 어머니들은 돌아올 자식들 마중 나갈 생각에 어젯밤 틀림없이 밤잠을 설쳤을 것이고 군불을 통크게 열어놓아 아랫목 윗목없이 방바닥은 후끈 달아 있을 것입니다. 흩어져 살던 식구들이 마중을 받으며 모두 돌아오면 시골집은 시끌시끌해 질 것입니다. 오글자글 찌개 끓듯 댓돌에는 벗어놓은 신발이 수북하고 식구들은 밤새 눈을 맞추며 손을 맞잡고 곳다한 속발을 풀어놓을 것입니다. 주고받는 고단한 삶을 덮어 주는 듯 흰눈은 사각사각 내려앉을 것입니다. 그러면, 혹한과도 같은 살림살이를 잠시 잊게도 할 것입니다."

해마다 이맘때가 되면 사립문을 활짝 열어놓고 동구 밖에 나와 우리를 기다리고 계실 부모님, 일가친척의 정답고 알뜰한 맛이 있는 만남을 기대하게 됩니다.

이번 설날은 부모형제의 그 깊고 넓은 사랑을 느끼면서 따뜻하고 훈훈한 명절이 되기를 기원합니다.

조직의 발전을 위해서는 다른 사람에게 맞춰가는 노력이 필요하다

우리가 누군가에 대해 말을 할 때, "아, 그 사람 성격 참 좋다."거나 "그 사람 성격 되게 안 좋아."라는 말을 많이 합니다. 그리고 우리는 누군가를 처음 만났을 때 상대방의 성격을 참 궁금해 합니다. 이는 그 사람의 행동을 어느 정도 예측해서 적절하게 응수하거나 대처하기 위해서일 것입니다.

성격을 뜻하는 단어 퍼스낼러티personality는 원래 배우가 무대에서 쓰는 가면이나 탈을 뜻하는 라틴어 페르소나personare에서 유래되었다고 합니다. 그러니까 성격이란 일종의 가면이라는 얘기입니다. 그만큼 한 사람의 성격을 파악하는 것이 어렵다는 뜻입니다. 그런데 박지영의 《유쾌한 심리학》을 보면 성격이란 좋고 나쁨이 없다고 합니다. 사람의 성격은 한 개인이 기나긴 세월 동안 환경과의 상호작용을 통해서 이뤄진 어떤 특성일 뿐, 평가를 할 문제가 아니라고 합니다. 쉽게 말해 성격이 좋다, 나쁘다가 아니라 '나와 성격이 맞는다' '맞지 않는다' 가 맞는 표현이라고 합니다. 다시 말해 '좋다' '나쁘다' 라고 말할 수 있는 것은 인간격人間格, 즉 인격人格이라고 합니다. 따라서 성격은 인격이 아니라는 것입니다.

이와 관련하여 독일의 심리학자 쿠르트 레빈Kurt Lewin은 "사람의 행동은 그 사람의 성격과 그 당시 환경의 상호작용 함수다."라고 정의했습니다. 이는 곧 사람의 성격은 변하지 않는다고 하더라도 환경이 달라지면 나타나는 행동이 달라지기 때문이라고 합니다.

성격이란 그저 유전적 요인과 문화적, 사회적, 상황적인 요인까지 모두가 합쳐진 한 개인의 특성이라는 것입니다. 그러니까 누군가의 행동 하나만 보고 마치 성격을 다 파악한 것처럼 판단하는 것은 섣부른 일이 될 것입니다. 다양한 성격을 가진 구성원들이 한곳에 모여 서로 부딪히고 이해하며 웃고 화해하는 것이 살아가는 즐거움이 아닌가 생각합니다.

인사이동으로 새 식구가 된 동료를, 경계하고 선입견을 갖는 대신 따뜻하게 맞아줍시다. 전입자 또한 지금의 조직문화에 조속히 적응하면서 나의 성격을 조직의 분위기에 맞춰가는 지혜를 발휘함으로써 밝고 명랑한, 그리고 에너지가 충만한 행정조직이 건설될 수 있도록 최선을 다해 주시기 바랍니다.

세 번째

겨우살이처럼 살지 말자

속내를 훤히 드러낸 채 서 있는 겨울나무를 보면 멀리서 봐도 눈에 들어오는 게 있습니다. 나무 꼭대기에 둥그렇게 뭉쳐진 모양. 바로 새집 같은 '겨우살이' 입니다.

'겨우살이' 라고 하면 겨울 동안 입을 옷이나 먹을 양식 같은 것을 말하는데 같은 이름입니다. 이 식물은 질긴 생명력만큼이나 여러 가지 의약적 효능을 가지고 있다고 알려져 있으나 알고 보면 참 얄미운 식물이라는 생각이 듭니다.

'겨우살이' 는 사철 푸른 상록수로 겨울에도 죽지 않는다고 해서 우리 선조들은 불로장생의 효능을 지닌 신통한 식물이라고 믿었고, 유럽 사람들은 불사신의 상징물로 삼았다고 합니다. 겨울에도 푸르러 동청冬

靑이라고도 불리는 겨우살이는 예부터 항암작용, 고혈압, 관절염, 신경통, 지혈, 이뇨, 당뇨병 예방 등의 효능이 있다고 합니다. 또한 겨우살이로 담근 술은 기동주寄童酒라 부르며 귀하게 여기고 있습니다.

그런데 이 식물이 마냥 좋게만 느껴지지 않는 것은, 참나무, 떡갈나무 같은 활엽수의 나뭇가지에 뿌리를 내려 그 나무를 숙주로 삼아서 물과 영양분을 빼어먹고 기생하기 때문입니다. 척박한 땅에 뿌리를 내리고 살아가기 위해서 온 힘을 다해 물을 끌어올리고 애를 쓰는 나무에 흙 하나 묻히지 않고 떡하니 올라앉아서 양분을 야금야금 가로채며 살아가는 정말 얄밉기 짝이 없는 식물입니다. 게다가 바람 잘날 없는 나뭇가지에서 부러지지 않고 빌붙어서 살 수 있도록 나뭇가지의 탄력성을 이용할 줄 아는 생존전략까지 완벽하게 갖추고 있습니다.

세고 단단한 가지에 기생하여 바람에 저항하다가 가지가 부러져 떨어지는 것보다 그냥 부드럽게 휘어지고 늘어지는 그 탄력성을 선택한다고 합니다. 나뭇가지에 싹을 틔울 정도면 5년 넘게 기생한 것이고, 이미 줄기 깊숙이 자신의 뿌리를 내리고 생존의 터전을 완전히 잡은 것이라고 합니다. 이 때문에 겨우살이가 기생하는 나무는 성장속도가 느려지고, 수명도 짧아지고, 목재로서의 가치도 떨어진다고 합니다. 그래서 보다 못한 한 식물학자가 겨우살이의 양분으로 숙주를 살릴 수 없을까 하고 실험을 하였는데 참으로 얄미운 결과가 나왔다고 합니나. 겨우살이가 기생한 나뭇가지와 줄기를 잘라서 겨우살이에게 가는 양분을 차단해

봤더니 숙주와 겨우살이가 함께 말라 죽더라는 것입니다.

받기만 하고 줄줄 모르는 겨우살이. 그리고 내가 받을 수 없다면 상대방을 죽이기까지 하는 겨우살이. 더군다나 한번 기생했던 나뭇가지엔 그 착취의 흔적이 사라지지 않는다고 합니다.

최소한 우리는 누군가에게 활엽수와 같은 숙주가 되어주지는 못할망정, 이기적인 겨우살이 같은 존재가 되어서는 안 되겠습니다.

좋은 생각이 좋은 운명을 만든다

한 늙은 인디언 추장이 자기 손자에게 말했습니다.

"얘야, 우리 모두의 마음속에는 두 늑대가 싸우고 있단다. 한 마리는 악한 늑대로 그놈이 가진 것은 화, 질투, 슬픔, 후회, 탐욕, 거만, 자기동정, 죄의식, 회한, 열등감, 거짓, 자만심, 우월감, 그리고 이기심이란다. 다른 한 마리는 좋은 늑대로 그가 가진 것은 기쁨, 평안, 사랑, 소망, 인내심, 평온함, 겸손, 친절, 동정심, 아량, 진실, 그리고 믿음이란다."

그러자 손자가 할아버지 인디언에게 물었습니다.

"어떤 늑대가 이겼나요?"

할아버지는 대답했습니다.

"내가 먹이를 준 놈이지."

여기서 말하고자 하는 것은 소설 속의 이야기처럼 '선善이 이기게 되어 있다' 거나 '악惡이 벌을 받는 세상' 이 아니라 모든 것이 자신의 선택이고 책임이라는 것입니다.

습관과 운명에 자신의 발목을 묶어두지 않고 마음속에 있는 착한 늑대에게 건강한 먹이를 주어야 한다는 이 간단한 이야기 뒤에 숨은 교훈 다섯 가지가 있습니다.

1. 생각을 조심해라, 그것이 너의 말이 되리라.
2. 말을 조심해라, 그것이 너의 행동이 되리라.
3. 행동을 조심해라, 그것이 너의 습관이 되리라.
4. 습관을 조심해라, 그것이 너의 인격이 되리라.
5. 인격을 조심해라, 그것이 너의 운명이 되리라.

사람의 마음에 어떠한 생각과 언어를 입력하는가가 마음의 습관을 결정하고, 그 마음의 습관과 행동이 인생을 만들어 갑니다. 그리고 저녁 시간을 어떻게 쓰는가에 따라서 삶의 풍경이 아주 달라지곤 합니다.

직장을 나서면서 통술집으로 향하는 사람, 연구소를 나와 학원으로 피아노를 배우러 가는 사람, 넥타이를 풀고는 골프연습장으로 향하는 사람, 용접기를 내려놓고 붓을 잡는 사람, 컴퓨터 모니터를 끄고 시사주

간지를 찾는 사람, 저녁 설거지를 마치고 스포츠댄스 복장으로 갈아입는 사람, 퇴근 버스에서 내려 요리학원에 들어서면서 앞치마를 두르는 사람.

여러분의 삶의 풍경은 어떠합니까?

시작하기에 늦은 때란 없다

'서른이나 됐는데 이 나이에 뭘…' 또는 '벌써 마흔인데, 뭔가를 새로 시작한다는 게…' 라고 체념하는 사람이 많습니다.

나이가 드는 것을 아무도 막을 수는 없습니다. 그러나 정신을 젊게 유지하는 것은 누구나 선택할 수 있습니다. 무엇인가를 새로 시작하기에 늦은 나이란 결코 있을 수 없습니다.

모 일간지에서 성인남녀를 대상으로 학창시절로 다시 돌아간다면 가장 하고 싶은 일이 무엇인지 조사하여 그 결과를 보도한 적이 있습니다. 놀랍게도 '공부하고 싶다' 가 66.9%로 1위를 차지하였다고 합니다. 그에 반해 학창시절에 그렇게 하고 싶던 '실컷 놀고 싶다' 는 2.6%로 꼴찌였다고 합니다. 그런데 학창시절로 돌아가면 '공부를 하고 싶다' 고 응답

한 사람들은 현재 공부를 하고 있을까요? 대부분 아닐 것입니다. 자신은 이미 때를 놓쳤다고 생각하면서 '공부도 때가 있다'라며 시도 대신 포기를 선택하였을 것입니다.

사람들은 자기보다 어린 사람을 만나면 간간이 이런 말을 합니다. "정말 좋은 때다. 나도 당신처럼 젊으면 뭐든 할 수 있을 텐데…"라고. 하지만 이런 말을 하는 사람들 역시 자신보다 나이가 든 사람을 만나면 마찬가지의 말을 듣게 된다는 것입니다.

《1%만 바꿔도 인생이 달라진다》의 저자 이민규는 언젠가 자신을 서른세 살의 평범한 샐러리맨이라고 소개한 남자에게서 메일을 받은 적이 있다고 합니다. 그는 심리학을 전공하지는 않았지만 심리학에 관심이 있어 독학으로 공부해왔으며 훌륭한 임상심리학자가 되는 것이 꿈인 사람이었습니다.

그러면서 임상심리학자가 되기 위한 방법을 물었답니다. 저자는 최소한 석사과정 2~3년, 임상 수련 3년 정도가 필요하기 때문에 적어도 5~6년 정도 걸리고, 박사 과정까지 생각한다면 10년 정도는 공부해야 이 분야에서 일할 수 있다는 답장을 보냈다고 합니다. 그러자 그는 마흔세 살이 되어서야 그 일을 할 수 있다면 포기해야겠다는 답장을 보내왔다고 합니다. 결국 자신은 새로 시작하기에는 너무 늦었다는 말이었습니다. 다시 보낸 답장에서 저자는 그에게 이렇게 물었답니다. "당신이 원하는 일을 하지 않으면서 10년을 보낸다면 그때는 몇 살이 됩니까?"

라고.

원하지 않은 일을 하면서 보내든, 정말 하고 싶은 일을 준비하면서 보내든, 그는 10년 후 마흔세 살이 될 것입니다. 이 사람이 일흔 살까지 산다고 가정했을 때, 그가 어떤 선택을 하느냐에 따라 나머지 37년을 후회하면서 살 수도 있고 정말 원하는 일을 하면서 살 수도 있다는 것입니다.

이처럼 현재의 삶에 만족하지 못하는 대부분의 사람들은 지금과는 다른 삶을 갈망합니다. 그런데도 지금까지와는 다른 방식으로 살려고 시도하지 않는 것이 문제입니다. 우리가 할 수 있다고 생각하든 할 수 없다고 생각하든 그것에는 우리가 가진 능력보다는 능력에 대한 우리의 믿음이 더 중요하게 작용한다고 합니다. 아무리 젊더라도 스스로 '시작하기엔 너무 늦은 나이' 라고 믿는다면 아무것도 시작할 수 없습니다. 할 수 있는 방법을 찾지 않기 때문이라는 것입니다.

그러나 아무리 나이가 많아도 '지금도 늦지 않은 나이' 라고 믿는다면 무엇이든 할 수 있습니다. 어떻게든 할 수 있는 방법을 찾기 때문입니다. 따라서 '난 원래 이런 사람이야' 라는 생각은 자신을 변화시키는 것이 불가능하다는 믿음을 의미한다고 합니다.

이와 관련, 심리학자 엘렌랭거에 의하면 노인들이 구부정하고 천천히 걷거나 무거운 짐을 들지 못하는 것은 단순히 신체적인 기능 때문이 아니라 그들이 갖고 있는 노인에 대한 고정관념 때문이라고 합니다. 실험결과, 자신이 현재 스무 살의 젊은이라고 상상하면서 행동했던 노인들은 과거 스무 살 때의 모습을 회상하기만 했던 사람들에 비해 지적 기능이 현저히 좋았다고 합니다. 자세나 걸음걸이 같은 외형적인 변화와 시력도 물론입니다. 이 연구결과는 자신에 대한 믿음이 우리의 정신과 육체에 얼마나 막강한 영향을 미치는지를 여실히 보여줍니다.

타고르가 그림을 그리기 시작한 나이는 70세입니다. 소설가 박완서 선생은 마흔 살인 1970년에 월간지에 장편소설 〈나목〉이 당선되면서 본격적으로 소설을 쓰기 시작해 한국 문단의 거목이 되셨습니다. 그리고 초등학교 교장을 지낸 이운봉 옹(80세)은 대학졸업 50년 만에 모 대학 관광일어통역과에 지원해 합격했습니다. 또한 스물여섯에 남편을 잃고 삯바느질과 행상을 하면서 남매를 키운 김안수 할머니는 59세에 가수로 데뷔, 현재 노래교실 강사로 활동 중이라고 합니다.

슈바이처 박사도 타인을 위해 봉사하는 삶을 살겠다는 결심을 실행에 옮기기 위해 30세에 의과대학에 입학하였고, 권율 장군도 46세인 1582년에 무과에 응시하여 급제하였습니다. 영웅 이순신도 세 번의 낙방 끝에 32세에 무과시험에 합격하였으며 화가 빈센트 반 고흐도 동생 테오의 권유로 27세에 그림을 시작했다고 합니다.

이와 같은 사례를 볼 때 정신과 의사 앨프레드 아들러의 말처럼 인간은 자신의 입장을 선택함으로써 운명을 변화시킬 수 있다는 것을 알 수 있습니다.

우리도 무엇인가 꿈을 꾼다면 지금 당장 시작해야 합니다. 새로 시작하기에 너무 늦은 때란 없기 때문입니다. 지금 이 순간이 모든 것을 시작하는 최고의 시기입니다.

오직 사랑만이 인생에 의미를 줄 수 있다

영화나 TV사극에 흔히 나오는 스토리처럼 말로 간교한 음모를 꾸며서 사람을 죽음으로 몰고 가는 것이 아니라, 면전에서 대놓고 스트레스를 주고, 비난하며 퍼붓는 욕설은 사람에게 어떤 영향을 미칠까요?

일단, 나무의 경우에는 죽을 수도 있다고 합니다.

영문학자이자 수필가 · 번역가로서 소아마비 장애와 수차례의 암투병 속에서도 희망을 잃지 않는 삶을 실천하여 우리에게 큰 감동을 주었던 고 장영희 교수의 수필집 《문학의 숲을 거닐다》에는 다음과 같은 글이 있습니다.

"아프리카 어느 부족은 나무들이 너무 웃자라 쓸모없게 될 경우, 톱

아무리 큰 고통일지라도 그 고통은 결국 사라지지만,
그러나 사랑은 남는 것.
내가 사라져버린 후에도
이 지상에 남을 수 있는 '사랑' 을 만들기 위해
오늘 무슨 말, 무슨 일을 할까?

마음을 움직이는 지렛대

이나 칼로 잘라내는 대신 온 부락민이 모여 그 나무를 향해 크게 소리를 지른다고 한다. 예컨대, '너는 살 가치가 없어. 우린 널 사랑하지 않아. 차라리 죽어버려.' 이렇게 나무들이 가슴 아파하는 말을 계속하면 시들시들 말라 죽어버린다고 한다."

모멸감을 주는 이 말이 결국 나무에게 톱이 되고 칼이 된 것입니다. "너는 살 가치가 없어. 우린 널 사랑하지 않아. 차라리 죽어버려." 이 말을 사람이 들으면 어떻게 될까?

뇌 전문가에 따르면, 사람의 뇌에는 감정을 조절하는 아미그달라Amygdala라는 기관이 있다고 합니다. 이 아미그달라는 두려움과 공포로부터 나를 지켜주는 기능을 하는데 문제는 나쁜 말을 듣고 자극이 반복되면 스트레스 호르몬에 중독되어 그 기능이 퇴화한다는 것입니다. 그렇게 되면 점점 공포와 두려움에 둔감해지면서 용감하다 못해 공격적이고 폭력적으로 변할 뿐만 아니라 아미그달라 퇴화가 상대방을 감염시킬 수도 있다고 합니다. 그리고 더 큰 문제는 그 공격성이 자신의 내면內面, 그러니까 자기 자신으로 향할 수도 있다는 것입니다.

그러니까 우리에게는 나 자신뿐만 아니라 상대방까지도 아미그달라가 퇴화되지 않도록 보호해 줄 의무가 있다는 얘기입니다. 그렇다면 우리는 아미그달라가 퇴화되지 않도록 하기 위해 어떤 말을 하며 살아야 할까요?

고 장영희 교수는 "아무리 큰 고통일지라도 그 고통은 결국 사라지지만, 그러나 사랑은 남는 것. 내가 사라져버린 후에도 이 지상에 남을 수 있는 '사랑' 을 만들기 위해 오늘 무슨 말, 무슨 일을 할까?"라고 말했습니다. 단순하고 평범한 내용 같지만 오직 '사랑' 만이 인생의 의미를 줄 수 있다는 것을 깨닫게 해 줍니다.

이 이야기를 통해 우리도 내 동료와 가족을 위해 어떤 '사랑' 의 말을 전할지 생각해보는 시간이 되기를 바랍니다.

남의 말을 함부로 하지 말자

누군가에 대한 뒷담화에 열중하다가 뒤통수가 서늘했던 경험을 한두 번쯤 겪은 적이 있을 것입니다. 자리에 없는 사람에 대해 얘기를 하고 있는데 불쑥 그 사람이 나타나면 우린 "호랑이도 제 말하면 온다더니… 양반은 못 되네."라고 말합니다.

이 말은 다산 정약용 선생이 명나라 왕동궤가 지은 《이담耳談》이라는 책의 내용에 우리나라에서 고유하게 사용되어온 속담을 추가로 증보해서 만든 《이담속찬耳談續纂》이라는 책에 등장하는데, 원문은 '談虎虎至 談人人至' 라고 적혀 있습니다.

이를 글자 그대로 해석하면 '호랑이도 제 말하면 온다. 사람도 제 말하면 온다.' 입니다. 이 말의 속뜻은 그 사람이 그 자리에 없다고 해서 그 사람에 대해서 왈가왈부하는 것은 옳지 않음을 일컫는 것인데, 이 구절이 우리말식 속담이 되면서 '호랑이도 제 말하면 온다더니 양반은 못 되네' 가 됐다고 합니다.

그런데 '사람도 제 말하면 온다.' 가 왜 '양반은 못 되네' 로 바뀌었는지에 대해 정확한 기원을 찾기는 어렵지만 당시 사람들은 '사람도 제 말하면 온다.' 에서 '사람' 을 양반의 반대 개념으로 이해했다고 합니다. 그러니까 제 말하면 오는 사람은 양반이 아니라는 것입니다.

재밌는 건, 이와 비슷한 속담이 외국에도 있다는 것입니다.

일본에는 '남의 말을 하면 그 사람의 그림자가 비친다.' 즉 남의 말을 하면 그 사람이 나타난다는 속담이 있고, 영국 등에는 'Speak of the devil, and he is sure to appear(악마 이야기를 하라, 그러면 반드시 악마가 나타날 것이다)' 라는 속담이 있다고 합니다.

그리고 프랑스에도 'Quand on parle du loup(늑대에 대해 얘기하면 그 늑대의 꼬리를 보게 된다)' 는 속담이 있고, 스페인에도 '로마에 대해 얘기를 하면 로마왕이 달려온다' 는 속담이 있다고 합니다. 또한, 중국에는 '설조조, 조조도說曹操, 曹操到' 라는 속담이 있다고 합니다. 이 말은 '조조의 얘기를 하니까 조조가 온다' 는 뜻인데, 한漢나라 마지막 황제인 한헌제漢獻帝를 위협하는 군벌세력들이 많아지자 조조의 힘을 빌리자는 황제 측근들의 의견에 따라 황제가 조조에게 사람을 보내기도 전에 조조의 군대가 나타나서 군벌을 처치했다는 이야기에서 유래한 속담이라고 합니다.

비록 나라도 언어도 표현도 다르지만 남의 말을 함부로 하지 말라는 뜻은 같은 것 같습니다. 다시 말해 남의 말을 함부로 하다가는 호랑이에게 잡아먹힐 수도 있고, 양반이나 조조 그리고 악마한테 혼이 날 수도 있다는 교훈이 담겨져 있다고 여겨집니다.

여기서 우리가 기억해야 할 것은 남의 말, 그중에서도 험담은 하기도 쉽고 듣는 사람 또한 그 순간 흥미를 느끼기도 하지만 그것이 언젠가는 나에게 돌아온다는 사실입니다. 그러니까 이왕이면 '남의 말을 할 때는 그 사람이 모르게 뒤에서 기분 좋은 칭찬을 한다면 그 말이 부메랑처럼 나에게로 돌아오지 않을까' 생각해 봅니다.

사람 의존 사회와 기계 의존 사회

어떤 사람이 지하철 매표구에 말없이 동전만 차르르 흘려 넣었습니다. 안에 있던 매표원이 그 사람을 쳐다보면서 잠시 후 부드럽게 던진 말,

"저는 자동판매기가 아닙니다."

물론 그 사람은 절대 그런 게 아니었다고 변명할지도 모르지만 눈을 마주칠 필요도 없고, 말을 건넬 필요도 없이, 그저 동전을 넣으면 당연히 표가 나올 것이라고 생각했으니까 어쩌면 사람을 자동판매기로 본 것이 맞을지도 모릅니다.

언제부터인가 내 옆에 가까이 있는 것은 사람이 아니라 기계입니다.

돈을 넣으면 나오고, 걸면 연결되고, 누르면 나타나고, 심지어 사람보다 기계가 더 편리하다는 생각이 들기도 합니다. 그러면서 우리는 안타깝게도 사람 대하는 법을 점점 잊어가는 것은 아닐까 생각해 봅니다.

시대 변천에 따라 삶의 개념은 달라질 수밖에 없습니다. 우선 문명사회에서는 살아가는데 각종 이기를 이용해야 합니다. 그렇다보니 사람들은 '사람 의존적 사회' 에서 '기계 의존적 사회' 로 변환되고 있다고 합니다.

이러한 '기계 의존적 사회' 에서 사람에게 고마움을 표시하는 횟수가 점점 줄어들게 되고, 사람의 노력을 소중하게 여기기보다는 오히려 기계적 조작에 의한 결과를 더욱 신뢰하고 중요하게 여기는 현상이 발생하고 있는 것입니다. 비인간적이고 기계 중심적인 사고가 생성될 소지가 여기에 있습니다.

또한, 생활에 필요한 이기를 사용하기 위해서는 상당한 기본 경비가 소요되기 때문에 이러한 경비를 모으기 위해 무리한 시도들이 따르게 되고 그로 인해 사회 경제적 문제가 발생되고 있다고 합니다. 그리고 문명의 이기 이용과정에서 편리함만을 추구하다보면 남을 의식하지 않게 되고, 그로 인해 타인의 삶에 좋지 않은 영향을 주는 엉뚱한 문제들이 야기되고 있음을 우리는 언론을 통해 심심찮게 접하고 있습니다.

따라서 문명의 이기를 이용하는 사회에서는 종래의 전통사회와는 전혀 다른 경제적, 사회적, 윤리적 문제점이 발생될 수밖에 없다고 합니다. 우리는 기계가 아니라 감정을 가진 사람입니다. 아무리 뛰어난 기계라 할지라도 사람을 대신할 수는 없습니다.

생활에 편리함만을 강조하는 '기계 의존적 사회'와 편리함은 다소 떨어지더라도 따뜻한 마음과 사랑이 있는 '사람 의존적 사회'가 상호 조화를 이룰 때 우리의 삶은 더욱 풍요롭고 한결 여유로워질 것입니다. 사람을 대할 때 항상 상대방을 존중하고 마음을 여는 자세를 가짐으로써 '기계 의존적 사회'로의 일방적인 흐름을 경계해야 하겠습니다.

우리는 이슬람교에 대해 얼마나 알고 있는가?

최근 장기집권과 부정부패로 인해 이집트 무바라크 대통령이 물러나고, 또한 리비아에서도 대통령 카다피의 퇴진을 요구하는 시위가 계속되고 있습니다. 이로 인해 국제유가가 치솟는 등 중동 사태가 세계의 경제에 엄청난 영향을 미치고 있습니다. 중동사태의 중심에 있는 이집트와 리비아는 국민 90% 이상이 이슬람교도들입니다. 우리는 이 시점에서 이슬람교에 대해 다시 한번 생각해 보고 이해하는 시간을 가져보고자 합니다.

이슬람교를 일컫는 표현은 참 다양합니다. 회교, 회회교, 마호메트교, 이슬람교 등등 복잡해서 혼돈될 때도 많습니다. 회교回教와 회회교

回回教는 중국에서 들어온 용어로 회골回鶻 또는 회흘回紇 등으로 불린 '위구르인들의 종교' 라는 의미라고 말하는 이도 있습니다. 그리고 마호메트교는 주로 서구인들이 즐겨 사용하던 용어로 마호메트를 믿는다는 데서 유래되었다고 하는 이들도 있습니다.

현재 전 세계에 이슬람교를 믿고 있는 인구가 12억을 넘어서고 있습니다. 지구상의 어떤 종교보다 이슬람교를 믿는 사람이 많고, 이슬람 국가로서 UN의 정회원국으로 가입하고 있는 나라도 55개국에 이르고 있습니다. 그럼에도 이 엄청난 지구촌 이슬람 문화권에 대해 우리가 알고 있는 지식은 굉장히 피상적이고 그나마 정보나 자료 자체도 서구적인 시각에 치중되어 있는 실정입니다. 그리고 이 분야를 전공하는 국내 전공자들의 숫자도 손에 꼽을 정도라도 합니다.

특히, 20대 이후 세대의 경우 편향된 자료나 시각을 통해서 이슬람 세계를 배웠기 때문에 편견이 많고, '이슬람' 을 사막의 전근대적인 종교쯤으로 생각하고 있는 경우가 허다합니다.

또한, 이슬람교는 '한 손에 칼, 한 손에 코란', '일부다처제', '죄를 지으면 손발을 자르는 보복법의 시행' 등과 같은 매우 전근대적이고 야만적인 요소를 간직한 종교로 알고 있습니다. 그리고 최초의 이슬람 원리주의가 기승을 부리면서 수단과 방법을 가리지 않고 자기 목적을 달성하고자 하는 지나치게 호전적이고 시대착오적인 테러집단이라는 이미지가 강하게 남아 있습니다.

'한 손에 칼, 한 손에 코란' 이라는 용어는 전혀 역사적 근거가 없고 '보복법' 과 '일부다처제' 도 그 사회가 갖는 독특한 순기능과 역기능이 있는 문화상대적인 개념임에도 우리의 이슬람교에 대한 인식은 온통 부정적 이미지 투성이입니다. 그러나 회교, 회회교는 '위구르인의 종교' 라는 의미니까 잘못된 표현이고, 마호메트교란 표현도 이슬람교도들이 알라, 즉 하나님을 믿지 마호메트를 믿지 않기 때문에 적절치 않은 용어라고 합니다. 따라서 이슬람교가 맞습니다.

이슬람Islam이란 평화를 뜻한다고 합니다. 즉 평화를 추구하는 종교입니다. 이슬람 사상의 요체는 바로 '평화' 입니다. 이처럼 언어학적인 의미가 평화이면 신학적인 의미는 무엇일까요? 그것은 '복종' 이라고 합니다. 그러면 누구에게 복종할까요? 바로 알라Allah에게 복종한다는 의미라고 합니다. 알라Allah는 'Al+illah' 의 합성어로서 'Al' 는 영어 정관사 'The' 에 해당하고 'illah(일라)' 는 영어로 소문자 'god' 을 말한다고 합니다. 결국 '알라' 는 우리말 '하나님' 의 아랍어라는 것입니다.

유대교와 기독교, 이슬람교는 하나님이라는 한 뿌리에서 나온 일신교一神教이지만 교리적인 차이와 강대국의 식민통치에 의한 종파와 민족 간 분열 또는 정치적인 이해관계의 상충 등으로 인해 적대적 관계가 되어 서로 싸우고 있습니다.

기독교의 '하나님' 은 무한한 사랑과 자비의 포용, 용서 같은 이미지가 강한데 반해, 이슬람교의 '알라' 는 두렵고 초월적이며 보복, 응징과 같은 무시무시하고 범접할 수 없는 이미지를 줍니다. 단어의 개념은 같다 하더라도 신적인 개념은 다르다는 것입니다.

알라신이라고 하는 것은 아주 잘못된 표현입니다. 그러나 굳이 '알라신' 이라고 표현하는 것은 TV 드라마나 다큐멘터리를 방영할 때 아랍의 독특한 분위기나 아라비안나이트가 주는 환상적 이미지를 부각시키기 위해서입니다.

유대교와 기독교, 이슬람교가 발생한 시점은 서로 다르지만 한 뿌리에서 나와 창세기부터 모세의 가르침까지는 거의 똑같다고 합니다. 아담 이후 아브라함, 모세가 등장하고 그 후 기원 전 후에 예수 그리스도가 등장하게 됩니다. 그리고 그 다음에 기원 6세기경 마호메트가 등장하게 되는데 아랍어로는 무함마드라고 합니다.

그러나 이 세 종교가 서로 갈리게 된 배경은 예수 그리스도의 신학적인 격을 어떻게 정할 것인가에서 비롯되었다고 합니다. 예수 그리스도가 설파하신 것이 만민평등의 보편적인 구원사상이었습니다. 하지만 그때 이미 유대인들은 바리세 율법학자들에 의해서 이스라엘 백성만이 선택해서 구원을 받는다는 선민사상이 확립되어 있었습니다.

따라서 만민평등의 보편적인 구원 사상은 유대인들의 기득권과 자신들의 위계질서에 대한 매우 위협적인 이념이 될 수밖에 없었습니다. 그래서 예수 그리스도의 메시아로서의 위치를 인정하지 않고 그의 복음을 부정하였던 것이라고 합니다. 나아가 그를 위선자로 단정하고 골고다 언덕으로 끌고가서 십자가 처형을 하게 된 것입니다.

유대교와 기독교, 이슬람교를 간단히 비교해 보면 '유대교'라고 하는 것은 아담에서부터 아브라함, 모세의 가르침까지를 종합해서 하나의 교리로 완성한 종교라고 볼 수 있습니다. 이에 비해 '기독교'는 아담에서부터 아브라함, 모세의 가르침을 구약으로, 또 예수의 가르침을 신약으로 받아들여서 발전시킨 종교입니다.

그리고 아담과 아브라함, 모세, 예수의 가르침을 모두 받아들이고 여기에 마호메드의 가르침을 플러스한 것이 '이슬람'이라는 것입니다.

그러면 왜 기독교와 이슬람교, 두 종교가 달리하게 되었을까요? 예수 그리스도의 신학적인 격을 이슬람교에서는 완전한 인격체로 봤습니다. 그러니까 하나님의 예언자, 선지자로서 예수 그리스도를 받아들였지, 어떤 신적인 능력을 가진 예수 그리스도는 부정했던 것입니다. 이것이 이슬람교와 기독교의 근원적인 차이입니다.

이런 면에서 본다면 예수 그리스도의 메시지 자체를 부정하고 그를 위선자로 몰고 갔던 유대교보다는 예수 그리스도를 완전한 인격체로 받아들여서 이슬람의 예언자인 마호메드와 동격으로 놓고 추앙하는 이슬람교리가 기독교리에 훨씬 가깝다는 것입니다.

이슬람교를 좀 더 깊이 살펴보면, 이슬람에는 다섯 가지의 의무가 있습니다. 첫 번째는 신앙의 고백, 두 번쌔는 하루 다섯 번의 예배, 세 번째는 일년에 한 달 동안의 단식, 네 번째 자기 수입의 일정 부분을 희사,

그 다음 평생에 한번 사우디아라비아에 있는 이슬람교의 성지 메카 Mecca를 순례하는 것입니다.

여기서 '신앙고백'은 비신자들이 신자가 되는 과정을 말합니다. 먼저 아랍어로 "앗슈아두 안 라일라하 무함마단 라술룰라"라는 구절을 세 번 외우고 우리말로 "하나님은 한 분이시고 무함마드(마호메드)는 그 분의 사도임을 증언합니다." 이것을 세 번만 하면 이슬람교인이 된다고 합니다. 그러니까 신자가 되는 절차가 굉장히 간단한 것입니다. 이것이 제3세계 문화권에서 초기에 굉장히 빠르게 이슬람이 확산되었던 배경이기도 합니다. 그리고 하루에 다섯 번의 예배를 하는데, 해뜨기 전과 해가 중천에 뜬 직후(12시~1시), 3시~4시 사이, 해지는 시각, 잠자기 전입니다. 이와 관련하여 요즘과 같이 촌각을 다투는 이 첨단 경쟁시대에 예배라는 악습이 사회의 근대화를 저해하지 않느냐는 우려에 대해 그들은 예배 보는 시간은 대략 10분, 다섯 번 합해봐야 50분 정도로 대수롭지 않다는 반응을 보인다고 합니다.

그러면서 적어도 한국 사람은 그런 말할 자격이 없다며 퇴근을 하고 난 후에는 동료들과 어울려서 저녁 먹고 스트레스 푼답시고 2차, 3차로 정열을 탕진하면서 보내는 시간이 얼마냐고 반격하기도 한다고 합니다.

또한, '단식'은 일년에 한 달간씩 하는데 이를 '라마단'이라고 합니다. 배고픈 자나 배부른 자나 모두가 똑같은 조건에서 배고픔과 갖지 못한 설움의 경험을 공유해 보자는 의미에서 시행한다고 합니다. 스스로 약자의 아픔과 가난한 자의 배고픔을 체험함으로써 사회의 공동선을 실현하자는 것입니다. 이처럼 이슬람교는 생활 속에서 실천하는 구체적인 생활의례인 것입니다. 즉 종교=생활이 이슬람 교리라는 말입니다.

이 기회를 통해 우리가 알고 있는 이슬람교에 대한 편견을 버리고, 그들의 문화를 이해하고 우리들 자신을 뒤돌아보는 계기가 되었으면 좋겠습니다.

간절히 열망하면 이루어진다

우리가 믿고 있는 가장 순수한 진실 중의 하나는 아마도 '간절히 바라면 이루어진다.'는 것이 아닐까 합니다. 자기 암시의 예언적 효과를 통한 긍정적인 사고로 간절히 열망함으로써 마침내 그 꿈을 이루어낸 그리스 신화 속 피그말리온Pygmalion의 이야기를 통해 우리의 조직문화 발전에 대해 생각해 보도록 하겠습니다.

추한 자신의 외모에 대한 콤플렉스에 가득 찬 피그말리온은 그의 주변 사람들과의 관계보다 자신 속에 스스로 갇혀 살기를 더 좋아했습니다. 또한, 키프로스의 여인들이 나그네를 박대하였다가 아프로디테 여신의 저주를 받아 나그네에게 몸을 팔게 되었는데, 이 때문에 여성에 대해 깊은 회의를 갖고 있던 피그말리온은 직접 상아를 깎아서 실물크기의 여인상을 만들었습니다. 그는 그것이 단순한 조각상에 불과하다는 것을 알면서도 '갈라테이아'라는 이름을 붙여서 늘 변함없이 "넌 참 아름답구나." "너는 이 세상에서 가장 아름다운 진짜 여인이야."라며 그녀와 따뜻하게 대화를 나누는 등 온 마음과 정성을 다해서 보살피고 사랑을 하게 됩니다. 그러던 어느 날 아프로디테 여신 축제일에 간절히 기도를 올리면 소원이 이뤄진다는 소식을 듣고 그는 여신에게 조각상 갈라테이아가 자신의 아내가 되게 해 달라고 간절히 기도했고, 그의 사랑에 감동한 여신은 그 기도를 받아들여 조각상에 생명을 불어넣어 주었습니다.

바로 이 순간을 포착해서 그린 그림이 장 레온 제롬의 '피그말리온과 갈라테이아'라는 작품인데, 두 남녀가 기쁨의 입맞춤을 나누는 이 작품을 보면 피그말리온의 벅찬 환희가 어느 정도인지 느낄 수 있습니다.

한 사람의 간절한 열망으로 상아 조각상이 아름다운 여인이 되었고, 두 사람은 결혼하여 딸 파포스를 낳아 행복하게 산다는 신화의 이야기가 바로 '간절히 바라면 이루어진다.'라는 '피그말리온 효과Pygmalion effect'입니다.

여기서 피그말리온의 기대를 한 몸에 받았던 갈라테이아의 입장에서 생각해 보면, 그녀가 생명력을 얻게 된 것은 피그말리온의 지극한 정성과 기대에 부응하고 싶은 그녀의 노력의 결과이기도 합니다. 그러니까 피그말리온의 기적은 피그말리온의 간절한 바람과 여기에 부응하고 싶

간절히 바라면 이루어진다는 피그말리온 효과.
그리고 그 기대에 부응하기 위해서
변하려고 노력하는 로젠탈 효과에 관한 이야기를 통해
기대와 칭찬, 그리고 격려가 우리 인간에게
얼마나 좋은 영향을 미치는지 생각해 보게 됩니다.

었던 갈라테이아의 '로젠탈 효과Rosenthal effect' 가 이뤄낸 것이라는 이야기입니다.

심리학에서 로젠탈 효과는 타인의 기대와 관심에 따라 능률향상이나 결과가 좋아지는 현상을 말합니다. 다시 말해 자신에게 어떤 다른 이가 관심과 기대를 갖고 있다면 그 기대에 부응해서 타인에게 인정받고 싶어 하고, 그래서 더 열심히 좋은 결과를 이끌어 내도록 노력하게 됨으로써 실제로 긍정적인 효과를 볼 수 있다는 것입니다. '칭찬은 고래도 춤추게 한다.' 는 말이 바로 이 로젠탈 효과의 일종이라고 할 수 있습니다.

간절히 바라면 이루어진다는 피그말리온 효과, 그리고 그 기대에 부응하기 위해서 변하려고 노력하는 로젠탈 효과에 관한 이야기를 통해 기대와 칭찬, 그리고 격려가 우리 인간에게 얼마나 좋은 영향을 미치는지 생각해 보게 됩니다.

새봄을 맞아 말끔히 단장하자

생명의 기운과 자연의 신비가 느껴지는 새봄을 맞이하였습니다.

봄의 의미는 '새롭다'는 것입니다. 봄엔 무엇인가 새것을 시도해 보고 새로운 발상을 다듬어 보면서 새로운 마음가짐을 가져 보는 계절입니다. 그래서 봄은 언제나 같은 봄인데도 사람들은 늘 '새봄'이라고 부르는 것 같습니다.

어둡고 답답한 겨울의 낡은 군상들일랑 모두 털어내고, 밝고 명랑하고 화기로운 그런 봄을 맞이하시기 바랍니다. 또한, 우리가 사용하고 있는 사무실 공간도 아늑하게 가꾸고 말끔히 단장하면 좋겠습니다.

우리가 어떤 공간을 원하는지, 그 공간을 어떻게 꾸미고 싶어 하는지는 어린 시절의 추억과 밀접한 관련이 있다고 합니다. 많은 사람들이 어떤 곳에 사는가를 보면 어떤 사람인지 알 수 있으며 어떻게 살고 싶어 하는 지도 알 수 있다고 합니다.

사람들은 벽 등의 공간에 그림이나 가족사진, 기념품, 그리고 좋아하는 음반이나 책 같은 것으로 장식을 하는데 그 대부분은 감정과 생각을 조절하는 것들로 꾸민다고 합니다. 이를 심리학에서는 '감정 조절 장치' 라고 합니다. 지금 여러분의 공간은 어떤 감정 조절 장치로 꾸며져 있는지 점검해 보시고 낡고 쓸모없는 것들은 이번 기회에 정리하시기 바랍니다.

참고로 사람들이 잡동사니들을 끼고 사는 데는 몇 가지 이유가 있다고 합니다.

첫째, 언젠가 필요할지 모른다고 생각하기 때문이라는 것.

둘째, 보관하고 있는 많은 물건들은 나름대로 추억들을 간직하고 있기에.

셋째, 물건들로 주변 공간을 꽉 채워둠으로써 심리적인 결핍을 보상받고자 하는 무의식적인 욕구가 있기 때문이라고 합니다. 그래서 사람들은 집 크기와 상관없이 그 공간을 무엇인가로 채워 넣는 경향이 있다고 합니다.

문제는 공간의 여유가 없으면 삶의 여유도 없어지게 된다는 것입니다. 이와 관련하여 심리학자들은 비좁은 공간에서 키운 쥐들이 그렇지 않은 쥐들에 비해 더 혈압이 높고 질병에 잘 걸리며 심지어는 사망률도 높다는 사실을 확인했다고 합니다.

그러므로 새봄을 맞아 몸과 마음을 청정하게 하고 나아가 다른 이에게 온정을 나눠 준다면 우리 마음에 안정과 평화가 찾아올 뿐 아니라 삶의 아름다움과 생명의 고귀함, 그리고 더불어 사는 것이 가치가 있음을 알 수 있지 않을까 생각합니다.

행복은 자기 스스로 만들어가는 것

지금은 고인이 되신 일본 내셔널 상표의 창업자 마쓰시타 고노스케 회장(1894~1989년)은 570개 기업체에 13만 명의 종업원을 거느린 총수였지만, 그는 어린 시절 아버지의 파산으로 초등학교 4학년을 중퇴하고, 자전거 점포의 점원으로 사회에 첫걸음을 내딛었습니다.

어느 날 한 종업원의, "회장님은 어떻게 하여 큰 성공을 하셨습니까?"라는 물음에 대해 그는 "나는 하늘로부터 세 가지 큰 은혜를 입고 태어난 것을 감사한다."고 대답하였다고 합니다.

그가 말하는 은혜란 가난, 허약, 배움의 부족이었습니다. 이 말은 가난 속에 태어났기에 부지런히 일을 하지 않고는 잘 살 수 없다는 진리를 일찍 깨닫게 되었고, 허약하게 태어난 덕분으로 건강이 얼마나 소중한가를 뼈저리게 느꼈으며, 초등학교 4학년을 중퇴하였기에 항상 세상 모든 사람을 스승으로 삼아 배우는데 열중하여 많은 지식을 습득할 수 있었다는 것입니다.

마쓰시타 고노스케 회장에게 가난, 허약, 배움의 부족은 인생을 사는데 있어 얼마나 큰 걸림돌이 되었겠습니까? 그러나 그는 이 걸림돌을 하늘이 주신 은혜로 여겨, 오히려 이를 디딤돌로 활용하면서 불운과 싸우고 갖은 난관을 극복함으로써 세계적인 대기업가가 되어 인생을 성공으로 이끌고 만인의 존경을 받게 된 것입니다.

역경을 딛고 모진 인생을 성공으로 이끈 사례는 또 있습니다.

발 없는 상이용사 밥 위랜드는 4,500㎞에 이르는 북미대륙을 3년 8개월에 걸쳐 완주합니다. 그가 두 팔과 엉덩이로 그 먼 길을 달린 이유는 희망을 버리지 않기 위해서였습니다.

KFC의 창업자인 커널 샌더슨은 자신의 치킨 맛을 알아줄 투자자를 찾아 트럭에 압력솥과 양념을 싣고 다녔습니다. 사회보장제도의 혜택으로 근근이 살아가던 65세의 이 노인은 1008번의 딱지 끝에 마침내 패스트푸드의 아버지가 됩니다.

월트 디즈니의 경우도 마찬가지입니다. 캐릭터 자체만으로 자동차 100만 대의 수입을 벌어들이는 미키마우스나 세계 인구의 10분의 1이 찾는 디즈니랜드는 301번의 거절을 당하면서도 용기를 잃지 않았던 디즈니의 꿈의 결과입니다. 이처럼 꿈과 희망은 평범한 날들을 특별하게 바꾸어 놓고, 보잘것 없는 인생을 찬란하게 변화시킵니다.

사람은 누구나 행복을 누리기를 원합니다. 많은 사람들이 행복을 누군가 가져다주는 것으로 생각하고, 운 좋은 사람만이 그 행복을 누릴 수 있는 것으로 착각하며 살고 있습니다. 하지만 '행복' 은 스스로 만들어 가는 것입니다.

현재의 내 모습을 사랑하고 희망찬 미래의 모습을 꿈꾸며 그것을 위해 달려나갈 때, 우리는 '행복' 이라는 마음의 천국에 한 발짝 더 다가갈 것입니다. '행복' 을 위해 '희망' 이라는 멋진 디딤돌을 딛고 상쾌하게 하루를 시작하시기 바랍니다.

사람과 사람 간의 적당한 거리는 우리를 더욱 친밀하게 만든다

사랑해서 두 번 결혼했고, 사랑했지만 두 번 이혼했던 세기의 커플 엘리자베스 테일러와 리처드 버튼은 자신들의 관계에 대해서 "함께 살기도 힘들고, 떨어져 살기도 힘들다."는 참으로 아이러니한 이야기를 했습니다.

결국 이들은 헤어졌고 엘리자베스 테일러는 "우리가 헤어진 것은 살아야 했기 때문이다."라는 말을 남겼습니다. "함께 살기도 힘들고, 떨어져 살기도 힘들다."는 그 표현은 마치 함께 있고 싶어서 살며시 다가갔다가 서로의 가시에 찔려서 화들짝 놀라 떨어지는 안타까운 고슴도치 한 쌍을 떠올리게 합니다.

그런 고슴도치처럼 우리는 상처가 두려워 타인과 거리를 두려 하지만 또 그 '거리'로 인해 생기는 외로움을 두려워합니다. 그래서 '혹시 그 사람이 나를 좋아하지 않는 건 아닌가?' 하며 마음을 졸이기도 합니다. 하지만 우리가 친밀감을 바라는 동안 마음은 세 단계의 변화를 거치기 때문에 상대방과의 거리감에 두려움을 느낄 필요가 없다고 합니다. 그 세 단계의 변화는 다음과 같다고 합니다.

'나를 꼭 잡아 주세요.', '나를 놓아주세요.', '혼자 있게 놔주세요.'

이처럼 가까이 다가가는 시기와 혼자 있기를 원하는 시기가 교대로 반복된다는 것입니다. 다시 말해 혼자 있기를 원하는 것은 더 이상 사랑하지 않는 것이 아니라 그저 관계가 성장하고 발전하는 정상적인 순환과정이라는 것입니다.

이와 관련하여 프랑스의 철학자 시몬느 베이유는 《회색빛 고독 속에서》라는 책에서 이렇게 말합니다.

"순수하게 사랑한다는 것은 거리를 두는데 동의하는 것이다."

"자신과 사랑하는 사람 사이의 간격을 무엇보다도 존중하는 것이다."

그렇다면 그 적당한 거리라는 것은 어떻게 만들 수 있을까?

생텍쥐페리의 《어린왕자》에는 이런 대목이 나옵니다.

어린 왕자가 여우에세 묻습니다.

"너를 길들이려면 내가 어떻게 해야 돼?"

여우가 말합니다.

"아주 끈기 있게 해야만 해. 먼저 나한테서 약간 떨어져 있어야 돼. 이렇게 난 곁눈으로 널 쳐다볼 거야. 그리고 아무 말도 하지 마. 말은 오해를 일으키는 근본이니까. 하지만 매일매일 조금씩 내 곁으로 다가오는 거야."

흔히 사랑을 말할 때 'All or nothing'이라는 표현을 씁니다. '전부가 아니면 아무것도 아니다.' 라는 의미입니다. 물론 정열적이고 낭만적인 사랑이 나쁘다는 것은 아니지만 현실에서는 조금 힘이 들 것 같습니다. 그래서 사랑하는 연인뿐 아니라 모든 관계에서 적당한 거리를 두는 것이 더 친밀해지는 과정이라고 생각하면 더욱더 깊은 사랑이 완성되지 않을까 생각합니다.

서로의 감정 에너지가 치우치지 않고 적당한 거리와 균형을 이루는 가운데 더욱 친밀해지는 가족, 그리고 직장 동료가 되기를 바랍니다.

자신의 가치를 발견하는 생활이 필요하다

벌써 3월 말입니다. 자녀들은 학업과 결혼으로 가정을 떠났고, 막내 아이마저 대학에 입학하여 기숙사에 보내고 나니 공허함과 허전함이 몰려옵니다.

이러한 시기에 여성들의 경우 허탈감과 함께 자신의 정체성을 상실하는 '빈둥지증후군' 을 경험한다고 합니다.

'빈둥지증후군' 은 여성들의 사회참여가 활발하지 못한 사회에서 나타나는 가정주부의 심리적 현상입니다. 결혼 후부터 중년에 이르기까지 남편 뒷바라지, 자녀 양육으로 바쁜 나날을 보냈던 가정주부가 어느 날 문득 남편과 자식들이 모두 자신의 품 안에서 떠나고 애정의 보금자리라고 여겼던 가정이 빈 둥우리만 남았음을 깨닫고 자신의 정체성에 대한 의심을 품는 현상을 가리키는 말입니다.

남편은 바깥일에 골몰하느라 주부의 기대감을 채워주지 못하고 부부간의 대화도 줄어듭니다. 자식들 또한 커갈수록 진학, 취직, 연애, 결혼 등을 통해 독립된 인격체로 성장하여 자연히 어머니와 멀어집니다. 이로 인해 삶의 보람이자 애정의 보금자리인 가정이 빈 둥지만 남고 주부들 자신은 빈껍데기 신세가 되었다는 심리적 불안을 느끼게 된다고 합니다.

이러한 심리적 상실감과 시간적 공허감은 주부 자신에 대한 지나친 관심으로 이어질 수 있다고 합니다. 예를 들면 자신에 대한 연민과 자신을 위해 무언가를 하고자 하는 욕구에서 비롯되는 중년 여성들의 건강 염려증이나 성형수술 등을 들 수 있습니다. 또 여가시간의 증가에 따라 글쓰기와 독서에 관심을 갖게 된다고 합니다.

남성의 경우에도 구조조정, 퇴직 등과 같은 사회 · 경제적 지위의 변화에 의해 이러한 증상이 나타날 수 있으며 그 결과로 음주나 공격성 행동이 생길 수 있다고 합니다. 남성의 '빈둥지증후군'은 즐거움의 상실(무쾌감증), 유쾌한 자극에 대한 반응의 소실로서 새벽에 일찍 깨며, 우울감, 현저한 식욕저하 및 체중감소 등으로 그 증상이 나타난다고 합니다.

이와 관련, 세계보건기구WHO는 '빈둥지증후군'과 같은 우울증이 2020년 이후에는 인류를 괴롭힐 세계 2위의 질병이 될 것이라고 예상하고 있습니다. 우리나라도 전 국민의 10%이상인 500만 명이 매년 우울증에 시달린다는 통계가 있고, 자살이 사망원인의 2위를 차지하는 등 사회적으로 큰 문제가 되고 있습니다.

전문가에 따르면, 이러한 '빈둥지증후군'을 극복하려면 가족관계에 대한 새로운 이해가 필요하다고 합니다. 그리고 아내와 단둘이 남겨진 가정생활을 행복하게 보내려면 서로의 입장을 충분히 헤아려 주고 공감하는 정겨운 대화법을 익혀야 한다고 조언합니다. 또한 자녀에 대한 집착을 버리고, '아이들에게서 해방돼 제2의 인생이 시작된다.'는 마음가짐이 필요하다고 합니다. 더 이상 자녀가 중심이 된 인생이 아니라 자신에게서 가치를 발견하고 자아실현욕구를 충족시켜야만 상실감에서 자유로울 수 있다고 합니다. 또한 부부가 함께 취미를 갖는 등 여러 가지 방법으로 여가생활을 즐기는 데 관심을 갖거나 소일거리를 찾는 일이 무엇보다 중요하다고 하니 지금부터라도 취미생활을 추구해 보는 것이 좋을 것 같습니다.

리비아에 대한 연합군의 군사행동, 진실은 무엇일까?

우리나라 시간으로 지난 3월 21일 새벽, 미국, 프랑스 등을 중심으로 한 국제사회가 리비아의 카다피군에 대해 본격적인 군사행동에 나섰습니다. 이는 카다피가 "즉각적인 휴전을 요구하는 유엔 결의를 수용하겠다."고 해놓고도 반정부 시위대의 거점인 리비아 제2도시인 벵가지에 대한 공격을 감행한데 대한 대응이었습니다.

리비아에 대한 연합군의 이번 공격 작전명 '오디세이의 새벽Odyssey Dawn'은 지중해를 무대로 한 트로이 원정 영웅담에서 본떠 명명했다고 합니다. 잘 알려진 것처럼 '오디세이Odyssey'는 고대 그리스의 시인 호메로스가 기원전 약 700년경에 쓴 작품으로, 트로이 전쟁 영웅 오디세우스의 10년간에 걸친 전쟁과 모험담으로 구성된 장편 서사시敍事詩입니다.

일찍이 책이나 영화를 통해 봐 왔듯이 트로이 전쟁Trojan war은 고대 그리스의 영웅 서사시에 나오는 그리스군과 트로이군의 전쟁으로 그리스군의 아킬레우스와 오디세우스, 트로이군의 헥토르와 아이아스 등 숱한 영웅들과 신들이 얽혀 10년 동안이나 계속 싸우다가 결국 목마木馬 속에 병사를 숨기는 오디세우스의 계책으로 그리스군의 승리로 끝나게 됩니다.

이 전쟁의 발단은 바다의 여신 테티스와 테살리아의 프티아 국왕인 펠레우스의 결혼식입니다. 많은 신들이 둘의 결혼식에 초대되었지만 불화不和의 여신 에리스는 초대받지 못합니다. 그래서 이에 앙심을 품은 그녀는 결혼식장에 '가장 아름다운 여신에게…' 라는 문구가 적힌 황금사과를 '툭' 던져놓고 유유히 사라집니다.

그녀가 남긴 황금사과를 두고 헤라, 아프로디테, 아테나가 서로 자신이 가장 아름다운 여신이라고 다투다가 결국 제우스에게 누가 가장 아름다운지 판결해 달라고 하였는데 제우스는 세 여자의 등쌀에 못 이겨 목동인 파리스를 데리고 와 셋 중에서 가장 아름다운 여신을 골라내라고 합니다.

파리스는 세상에서 최고의 권력을 주겠다고 약속한 헤라, 용기와 지혜를 주겠다고 약속한 아테나, 가장 아름다운 여인을 아내로 삼게 해주겠다는 아프로디테 사이에서 고민합니다. 결국 파리스는 아프로디테에게 황금사과를 넘겨주게 되고, 아프로디테는 약속대로 스파르타의 왕비 헬레네의 사랑을 얻게 해줍니다. 그리고 이 두 사람은 트로이로 도망을 가게 되고 아내를 빼앗긴 메넬라오스는 아가멤논과 함께 트로이 원정길에 나섬으로써 전쟁이 시작되는 것입니다.

이 전쟁이 시작되기 전 오디세우스는 그의 아내 페넬로페와 아들 텔레마코스와 행복하게 살았습니다. 그는 트로이 전쟁에 나서기 싫어서 일부러 미친 사람 행세를 하였는데 소에 쟁기를 매달아 밭을 갈고 소금을 뿌리는 식이었습니다. 하지만 오디세우스보다 지략이 더 뛰어난 팔라메데스가 이것을 보고 오디세우스의 아들을 안아서 쟁기 앞에 놓았습니다. 정말로 미쳤다면 아들을 죽일 것이라고 생각했기 때문입니다. 결국 오디세우스는 억지로 전쟁에 참전하면서 친구인 '멘토' 에게 아들을 부탁했고 그 뒤로 '멘토' 는 지혜와 신뢰를 바탕으로 이끌어 주는 사람이라는 뜻을 가진 용어가 됐다고 합니다. 하지만 오디세우스는 자신을 억지로 전쟁에 참여케 한 팔라메데스에게 끝까지 복수심을 버리지 않았고 결국 그를 모함에 빠뜨려 처참한 죽음을 맞게 합니다.

그런데 이 서사시 '오디세이' 는 그리스 사람인 호메로스가 쓴 승자의 기록입니다. 트로이의 왕자 파리스가 스파르타의 왕 메넬라오스의 아내 헬레네를 가로챘기 때문에 그리스군이 트로이를 침략했다는데 대해 일부에서는 침략의 정당성을 부여하기 위해서 호메로스가 낭만적으로 포장한 것이 아닌가 하는 의혹을 제기합니다. 이들이 말하는 진짜 목적은 당시 지중해 무역을 통해서 상당한 부를 축적하고 있던 트로이를 멸망시켜서 그 이권을 장악하는데 있었다는 것입니다.

그래서 이 승자의 기록이 아닌 로마의 아우구스트 황제 시절 베르길리우스가 쓴 대서사시 '아이네이아'의 기록을 보면, 트로이 왕족인 안키네스와 여신 아프로디테 사이에서 태어난 영웅 아이네이아스는 트로이가 멸망하자 그 유민을 이끌고 지금의 이탈리아 반도로 이주해서 패전 후 7년 만에 나라를 세우게 되는데 그곳이 바로 지금의 '로마'입니다. 트로이는 비록 멸망했지만 트로이 유민들은 대제국 로마의 기틀을 다졌고 아이네이아스는 로마를 건국한 시조가 되었다고 합니다.

이와 같이 트로이 전쟁은 수많은 영웅과 이야기들을 탄생시켰습니다. 그런데 이 이야기에서 영웅이 아님에도 주목을 받는 한 인물이 있습니다. 그녀는 트로이의 공주 헥토르의 동생 카산드라입니다.

카산드라는 아폴로의 사랑을 받아서 미래를 예언하는 능력을 가지지만 아폴로에게 끝내 몸을 허락하지 않아서 남을 설득하는 능력을 빼앗깁니다. 그래서 그녀는 오래 전부터 트로이 전쟁을 예언하면서 대비를 해야 함을 애타게 경고했지만 아무도 믿어주지 않았습니다. 안타깝고 섬뜩한 카산드라의 예언, 그러나 설득력이 없는 말과 이를 알아듣지 못하는 사람들의 귀 때문에 빚어졌던 트로이전쟁 이야기를 되새겨 보면서 오늘날 리비아 사태를 생각하게 합니다.

리비아 사태에 대한 미국의 군사행동을 두고 내부 논란을 벌이다가 결국 동참하게 된 점은 오디세우스가 억지로 전쟁에 참전한 점과 닮았고, 군사작전 장소가 '오디세이' 의 무대인 지중해라는 점도 트로이전쟁과 닮았습니다.

그리스군이 트로이를 침략한 것도 실상은 상당한 부를 축척하고 있던 트로이의 이권을 장악하기 위함이었다는 시각과 연합군의 공격이 명분상으로는 '리비아 국민 보호 전쟁' 이라고 하지만 사실은 서방국가의 리비아 석유 확보를 위한 전쟁이라는 시각도 닮았습니다.

진실은 무엇일까요? 여러분의 생각은 어떠한지 궁금합니다.

정신건강을 위해서는 화를 잘 다스려야

누구나 다른 사람과 관계를 맺고 살다 보면 화날 때가 있습니다. 물론 모든 분노가 다 나쁜 것은 아닙니다. 정당한 분노는 바람직한 변화를 일으키는 강력한 원동력이 될 수도 있다고 합니다. 문제는 화가 나서 화를 냈는데 속이 시원하기는커녕 성급하게 화를 내고는 자신의 못남을 드러낸 것 같아서 더 화가 치민 경우입니다. 이는 나를 화나게 만든 그 일보다, 내가 그 일에 화를 냈다는 사실 자체가 더 고통스럽고 후회되기 때문이라고 합니다. 그래서 불쑥 화를 내고 나면 '왜 참지 못하고, 용서하지 못하고 분노했을까?' '나는 왜 자그마한 일에도 분노하는가?' 하는 자괴감을 맛보게 됩니다.

이에 대해 인지행동치료의 대부라고 불리는 알버트 엘리스Albert Ellis는 '분노'라는 감정을 잘 느끼는 사람에게서 독특한 심리적 특성을 발견했다고 합니다. 삶에 있어서 옳고 그름을 몹시 중요하게 여겨서 이분법적, 절대적인 정의를 내리는 경향이 있다는 것입니다. 또 그렇게 만든 계율을 다른 사람에게 적용하여 지켜지지 않을 때 분노에 휩싸일 가능성이 높다는 것입니다. 그리고 그 계율이 정교하면 정교할수록, 다른 사람에게 엄격하게 그 계율을 부과할수록, 다른 사람의 삶에 깊숙이 개입할수록 분노할 일은 점점 더 많아진다는 것입니다.

하지만 중요한 것은 내가 아무리 옳고, 선하고, 절대적이라고 믿는 가치도 상대방에게는 그다지 의미 없는 것일 수 있고, 나에겐 소중한 것이 상대방에게는 별것 아닐 수 있다는 사실입니다. 그러니 내 정신건강을 위해서 다양한 가치를 인정하고 타인에게 내 생각을 강요하지 않는 것이 좋다고 알버트 엘리스는 충고합니다.

한편, 깨어 있는 삶에 대한 명징한 가르침으로 우리에게 깊은 감동을 전달하고 있는 틱낫한 스님은 지신이 쓴 《화anger》라는 책을 통해 다음과 같이 화를 다루는 법을 제시하고 있습니다.

"감자를 삶기 위해서는 감자를 냄비에 넣어서 뚜껑을 덮고 불 위에 올려놓는다. 그러나 아주 센 불이라고 하더라도 5분 만에 꺼버리면 감자가 제대로 익지 않는다. 감자를 충분히 익히기 위해서는 적어도 15분이나 20분쯤 가열을 해야 한다. 그리고 냄비 뚜껑을 열면 잘 익은 감자의 향기로운 냄새가 피어난다. 화도 감자와 마찬가지다. 시간을 들여서 충분히 익혀야 한다. 처음에는 화도 날감자와 같다. 우리는 날감자를 그대로 먹지 않는다. 화는 우리가 즐길 만한 것이 아니지만, 그러나 잘 처리하는 방법을 배우면, 다시 말해서 감자를 익히듯이 잘 요리하는 방법을 배우면, 그 부정적인 에너지가 이해와 애정이라는 긍정적인 에너지로 변할 것이다."라고 강조합니다.

그리고 화를 푸는 방안의 대목을 보면 "어떤 사람이 우리를 화나게 하는 말이나 행동을 하면 우리는 고통을 받는다. 그리하여 우리는 그 사람에게 고통을 줄 말이나 행동을 하려 한다. 그러면 우리의 고통이 줄어들 것이라고 생각한다. 그러나 사실은 그렇지가 않다. 내가 남의 마음을 아프게 하면 그 사람은 더욱더 나의 마음을 아프게 함으로써 위안을 얻으려고 할 것이다. 그리하여 쌍방 모두가 갈수록 더 마음이 아파질 뿐이다. 그들에게 필요한 것은 애정과 도움이다. 어느 쪽도 앙갚음을 반복해서는 안 된다. 누군가에게 몹시 화가 나서 그 감정을 처리하려고 온갖 애를 써 보지만, 소용이 없는 경우가 있다. 그럴 때는 바로 그 사람에게 선물을 주라고 부처가 권했다. 어리석은 말로 들릴지도 모르지만, 그러나 이것은 매우 효과적인 방법이다. 누군가에게 화가 났을 때는 그에게 상처를 주고 싶은 것이 인지상정이다. 그러나 도리어 그에게 선물을 주면 그에 대한 미움이 가라앉고 화가 풀리며 마음이 너그러워진다. 오히려 그가 행복해지길 바라게 되는 것이다. 그러므로 누군가에게 화가 났을 때는 그에게 선물을 주자. 선물을 보내고 나면 그 사람 때문에 생겼던 화가 사그라질 것이다. 이것은 매우 간단한 방법이면서 큰 효과를 불러온다."라고 가르치고 있습니다.

또 다른 이는 현명하게 효율적으로 화내는 법, 잘만 활용하면 손해 보는 일 없이 싸움의 승자가 될 수 있는 비결로 "화를 늦게 낼수록 후회할 일은 줄어드는 법"이라며 일단 상대의 이야기를 끝까지 듣는 게 중요하다고 이야기합니다.

이 분의 말씀에 따르면, "부부처럼 허물없는 사이일수록 싸움이 더 커지기 쉬운데, 이럴 땐 5분씩 정확하게 발언권을 얻어 교대로 이야기하는 것도 좋은 방법이다. 발언권이 몇 번 왔다 갔다 하고 나면 대부분 피식하고 웃음이 새어 나온다. 나중에는 싸우게 된 최초의 이유에서 한참 멀어져 '5분이 넘었네. 안 넘었네.' 하며 어느새 흐지부지 일단락되고 만다."며 발언권을 얻어 하고 싶은 말을 조리 있게 하는 동안 저절로 화가 치료되는 '환기요법' 효과를 톡톡히 볼 수 있다고 합니다.

그리고 "화를 낼 땐 화가 난 이유를 상대에게 표현하는 것이 좋다. 단 화가 난 이유만을 정확하게 이야기해야 한다. 보통 화가 나면 비슷한 과거의 사건들이 줄줄이 생각나지만 다른 일을 끌어들이는 건 절대 금물이다. 또 '너는 이런 게 문제야.' '네가 먼저…' 와 같이 상대방이 주어로 시작하는 'You-메시지' 보다는 '나는 이렇게 생각해.' '나라면…' 같은 'I-메시지' 가 훨씬 효과적이다. 우리 뇌에는 외부의 침입으로부터 자신을 지키기 위한 투쟁 본능이나 공격 행동을 담당하는 '아미그달라 Amygdala' 라는 감정 기관이 있다. 그런데 '너는…' 으로 시작하는 말을 듣는 순간부터 이 아미그달라가 작용해 듣는 사람의 귀를 닫아 버린다." 고 경고하고 있습니다.

선각자들의 이야기를 들어보면 화를 다스리는 문제는 그다지 어렵지 않을 것 같습니다. 하지만 실제로 이를 실행하기란 그리 쉬운 일이 아닙니다. 우리는 도를 닦는 사람이 아니기 때문입니다.

우리의 마음 밭 안에는 기쁨, 사랑, 즐거움, 희망과 같은 긍정의 씨앗과 함께 미움, 절망, 좌절, 시기, 두려움 등과 같은 부정의 씨앗도 있다고 합니다. 어떤 씨앗에 물을 주어 꽃을 피울지는 자신의 의지에 달렸다고 하니, 긍정의 씨앗을 싹틔우는 노력을 부단히 하다보면 화낼 일이 없어지지 않을까 생각해 봅니다.

가족과 함께할 때
모든 것이 충만해진다

세월이 얼마나 빠른 지 주말인 듯하면 벌써 월말이고, 그렇게 속절없이 세월을 축낸 사이 구청이 출범한 지도 벌써 9개월이나 되었습니다. 우리 구청은 여러 가지 어렵고 힘든 상황에서도 나름대로 괄목할 만한 성과도 거두었고 여느 구청보다 앞서간다는 평가를 받고 있습니다. 이러한 성과는 혼신의 힘을 다해 자기직분을 충실히 수행하여 주신 마산합포구청 동료들과 가족들의 아낌 없는 내조와 후원이 있었기 때문이라고 생각합니다. 그동안 온갖 고충과 시련을 감내하면서 공직자로서의 본분을 다할 수 있도록 곁에서 챙겨주시고 다독거려 주신 우리 공무원 가족 여러분께 머리 숙여 감사드립니다.

돌이켜보면, 공직이란 험난한 여정을 걸어오는 동안 이 부서 저 부서 다니면서 참으로 벅찬 일들을 감당해 왔습니다. 인사발령장이라는 종이 한 장으로 가라면 가고, 오라면 오고 하는 일을 직장인이라면 누구나 겪게 되지만, 그때마다 새로운 부서와 환경에 적응해야 했고, 생소한 업무에 정열을 쏟아 부으면서 지금까지 참으로 많은 사람들과 어울리고 부대끼며 지내왔습니다. 그렇게 쫓기듯 살아오면서 재충전을 위한 휴식이 필요하였음에도 그렇지 못한 것이 다반사였고, 퇴근 후 집에 오면 피곤하다는 핑계로 가족들과 대화도 없고 쉽게 짜증만 냈던 지난 일들이 부끄럽기만 합니다.

인생 또한 그러해서 제대로 서지 못한 상태에서 이립을 맞았고, 세상일에 수시로 마음을 빼앗기며 불혹을 보냈으며, 급기야 저를 포함한 나이 든 동료들은 하늘의 명령은커녕 세상인심도 모르는 채 지천명에 이르렀으니 안타까움과 아쉬움을 감출 수 없습니다.

엊그제 한 서점에 들러 시집 한 권을 펼쳐보다가 우리와 같은 직장인의 시리고 아픈 일상을 노래한 시 한 편을 읽고 가슴 한켠이 아리는 듯한 감동을 받았습니다. 바로 구광본 시인의 〈귀가〉라는 시입니다.

> 하루가 한 생애 못지않게 깁니다.
> 오늘 일은 힘에 겨웠습니다.
> 집으로 가는 길 산그림자 소리 없이
> 발밑을 지우면 하루분의 희망과 안타까움

서로 스며들어 허물어집니다.

마음으론 수십 번 세상을 버렸어도

그대가 있어 쓰러지지 않습니다.

집으로 간다는 것. 귀가의 뭉클한 의미가 진하게 배어 있는 이 시 한 편을 읽고 얼마나 가슴이 뭉클했는지 모릅니다.

현관문을 열고 나서서 바깥에서 하루를 보낸 우리들이 다시 집으로 돌아가는 퇴근시간은 노을이 물드는 저녁 하늘처럼 우리네 마음속에 다양한 감정을 물들입니다. 보람, 추억, 긴장, 고단함, 화, 자유로움, 무기력 혹은 이따금씩 만끽해 본 낭만 같은 것들로 말입니다. 몸은 더 홀가분할지 모르나 가슴은 오히려 밤이슬에 흥건히 젖은 해당화 같습니다. 그 꽃향기는 온갖 상념과 근심, 절박함으로 구리터분하거나 쾨쾨할지 모릅니다. 하지만 집으로 돌아간다는 것은 무조건 내편인 사람들 곁으로 간다는 것 자체로 큰 의미가 있습니다. 우리는 좀 비이성적일지라도 무조건 내편을 들어주는 응원단이 있는 집에서 무거운 짐들을 내려놓고, 다정하고 따뜻한 저녁을 누릴 수 있었으면 좋겠다는 바람을 안고 집으로 가는 것이죠. 다음과 같은 어느 분의 시를 읊어주기를 기대하면서 말입니다.

오늘 하루도 얼마나 수고 많았나요.

물에 젖은 솜처럼

무거운 당신의 발걸음
그보다 더 지쳐 보이는 당신의 그림자가
발을 질질 끌고 가고 있어요.
그래도 결코 주저앉지 않는 당신.
당신이 가는 길이라면
어떤 길이라도 응원한다는 거 알고 있는 거죠?

어느 철학자에 따르면 소중한 가족과 함께할 때 모든 것이 충만해 진다고 합니다. 그리고 사랑을 하면 생동감 넘치게 약동하고, 일에도 의욕을 느끼며 주위 사람들로부터도 더욱더 친근감을 갖게 된다고 합니다. 참신한 상상력과 창의력, 에너지가 거기서 나오고 사랑이 깊을수록 몸도 건강해지며 마음도 한결 밝아진다고 합니다.

행복은 세월이 흘러도 변함없는 따뜻함으로 건강하게 만나 웃음 짓는 그 자리에 찾아와 머문다고 합니다. 가족사랑이라는 씨앗에 격려, 용기, 희망의 물을 듬뿍 주어 아름답고 건강한 가정을 꽃피우시기 바랍니다. 저 또한 직장 생활을 통해 동료 여러분과 사랑을 나누고 서로 한발 양보하는 배려를 통해 희망을 만들어 가는 따뜻한 공직사회를 건설하는데 최선을 다할 것을 약속드립니다.

우리만의
고유한 분위기를
연출해 보자

누군가에게 '아름답다!', '멋있다!' 라는 말을 듣는 것은 대단한 칭찬이지만 최고의 찬사는 '아우라Aura가 있다' 라고 문화예술계에서는 말하고 있습니다.

'아우라' 는 우리말로 그냥 '분위기' 라고 번역되는데, 이 말은 본래 후광, 광채 등의 의미가 있는 그리스어로서 종교에서 예배 대상물의 장엄함을 나타내는 용어였으나, 사람이나 물체와 관련하여 언급할 때 신체에서 발산되는 보이지 않는 기운 또는 영기靈氣나 은은한 향기 혹은 사람이나 물건을 에워싸고 있는 고유의 분위기를 뜻합니다.

이 용어를 처음 사용한 사람은 독일의 철학자 발터 벤야민

(1892~1940)으로 1936년 《기술복제시대의 예술작품Das Kunstwerk im Zeitalter seiner technischen Reproduzierbarkeit》이라는 논문을 통해 예술개념으로 자리 잡게 되었습니다. 그는 이 논문을 통해 과학기술이 발전함에 따라 미술작품도, 풍경도 무한대로 복제가 가능하기 때문에 우리는 아우라 상실시대에 살고 있다고 우려하였습니다.

여기서 말하는 '아우라' 란 예술작품의 원본이 지니는 시간에서의 유일한 현존성에서 도출되는 현상으로 그것은 '아무리 가까워도 아득히 멀리 존재하는 것의 한 번뿐인 현상' 이라고 정의하였습니다.

그가 정의한 '아우라' 의 개념은 이렇습니다. "어느 여름날 오후 휴식 상태에 있는 사람이 그림자를 등지고 있는 지평선의 산맥이나 나뭇가지를 보고 있노라면 그는 이 산 그리고 이 나뭇가지가 숨을 쉬고 있다는 느낌을 받을 것이다. 이런 현상을 우리는 산이나 나뭇가지에 아우라가 숨을 쉬고 있다고 말할 수 있다." 바로 이 순간, 이 산, 이 나뭇가지가 아니라면 두 번 다시는 느낄 수 없을 것 같은 짜릿하고 아늑한 분위기, 바로 그것이 '아우라' 라는 것입니다. 그리고 '아우라' 라는 말 속에는 원천적으로 '복제가 불가능하다' 라는 뜻도 포함되어 있습니다. 이 순간은 지나가고 이 산에 드리운 구름의 그림자도 사라질 것이며 이 나뭇가지에 내려앉은 햇볕과 바람도 내일 이 시간이면 달라질 테니까 말입니다. 그러니까 '아우라' 는 지금 이곳에서 1회에 한정하여 나타나는 것을 말하는 것으로써, '어떤 예술작품이나 물건에서 느껴지는 분위기, 혼, 모방할 수 없는 특유의 기운, 창조성이 느껴지는 유일무이唯一無二성을 나타내며, 다른 어떤 작품과는 확연히 다른 예술작품의 고유한 특성 혹은 미적 아름다움을 뜻합니다.

이렇듯 그 대상이 예술작품이 되면 작품과 감상자 사이의 신비하고 은밀한 교감을 의미합니다. 예를 들어 고흐의 '해바라기' 라는 그림을 미술관에서 원작으로 보았을 때 느끼는 감동, 음악 홀에서 파바로티의 노래를 들었을 때의 바로 그 느낌을 말하는데, 한 대상이 관찰자에게 숨결처럼 살며시 다가오는 듯한 느낌의 감정이입이 곧 '아우라' 라는 것입니다.

오는 6월에는 우리 시가 주최하는 각 부서별 합창대회가 열립니다. 충분한 준비와 부단한 연습을 통해 다른 팀이 감히 흉내 낼 수 없는 짜릿하고 고고한 분위기를 연출하고, 청중들이 우리 팀의 합창을 듣는 순간 그 아우라를 실감할 수 있다면 좋겠다는 욕심을 가져봅니다. 직원 여러분의 많은 관심과 지원 그리고 참여를 부탁드립니다. 아울러 우리가 몸담고 있는 합포구청도 보다 향기롭고 고유한, 아우라가 있는 직장으로 거듭날 수 있도록 다함께 노력합시다.

네 번째

자연의 신비를 생명의 진실로 느껴보자

바야흐로 꽃의 계절입니다.

꽃이 피는 이유와 꽃이 예쁜 이유에 대해 생각해 보신 적이 있습니까?

마종기 시인의 〈꽃의 이유〉라는 시를 보면, 꽃이 피는 이유는 사랑하는 것과 닮았다고들 합니다.

꽃이 피는 이유를
전에는 몰랐다.
꽃이 필 적마다 꽃나무 전체가
작게 떠는 것도 몰랐다.

꽃이 지는 이유도
전에는 몰랐다.
꽃이 질 적마다 나무 주위에서는
잠에서 깨어나는
물 젖은 바람 소리.

사랑해본 적이 있는가
누가 물어보면 어쩔까.

이 시에 얽힌 사연을 들어보면 이렇습니다. 시인이 20대이던 어느 봄날, 사랑하는 여인과 나무 아래 앉아 있었는데 그때 놀라운 일이 그에게 벌어졌다는 것입니다. 그날의 사건을 시인은 이렇게 회고합니다.

문득 그의 주위에 한 그루 꽃나무가 있다는 것을 알았고, 그 나무가 조금씩 떨면서 봄꽃을 피우고 있다는 것을 알았습니다. 나무가 꽃을 예쁘게 피워가며 떨고 있었습니다. 그는 '나무가 떨기도 하는구나' 라고 감탄하면서 아무 말도 못하고 그 떨림을 지켜보았습니다. 그렇게 나무가 조금씩 떨었던 이유도, 가슴이 조금씩 떨려왔던 이유도 다 꽃을 피우기 위해서였습니다. 그런데 궁금한 것은 왜 하필이면 피는 것이 꽃일까요? 그리고 꽃은 왜 그렇게 예쁠까요? 그 이유는 수분受粉을 하여 열매를 맺으려면 벌과 나비, 그리고 새, 바람 같은 중매쟁이를 끌어들여야 하기 때문입니다. 어떤 꽃은 눈이 어두운 곤충들이 쉽게 찾아낼 수 있도록 화려하게, 향기롭게, 달콤하게 피어나고 또 어떤 꽃은 곤충이나 새에게 신세지기 싫어서 꽃가루를 바람에 실어 보냅니다. 바람에 꽃가루를 부탁하는 나무는 꽃이 먼저 핀 후 잎이 피는데, 잎을 달고 있으면 아무래도 바람이 꽃가루를 옮기는 것에 방해가 되기 때문이라는 것입니다.

17세기 영국의 철학자이자 근대 경험론의 선구자 프랜시스 베이컨Francis Bacon은 자신이 체험한 귀납법을 꿀벌에 비유하여 설명하였는데, 그 내용은 대충 이렇습니다.

경험에만 근거한 사고가 재료만 모으는 개미와 같다면, 이론에만 근거한 사고는 자신의 힘에만 의존하는 거미와 같은 형이며, 이 두 가지를 종합해서 사고하는 것을 바로 꿀벌에 비유했습니다. 나비와 같은 다른 곤충도 꽃에서 꿀물을 따먹지만 벌처럼 새로운 꿀로 만들지도, 모아놓지도 못하는데 반해 꿀벌은 꽃에서 재료를 모아서 자기 것으로 소화해 낸 다음에 새로운 '꿀'을 만들어 내기 때문입니다.

바로 이러한 이유 때문에 우리나라 축산법에서 꿀벌은 곤충이 아니라 '가축'으로 분류되어 있습니다. 어쨌든 이렇게 가축인 벌들이 사람에게 주는 선물이 '꿀'이라면, 곤충인 나비가 사람에게 주는 선물은 '열매'라는 사실입니다.

우리가 먹는 곡식과 과일 대부분이 이들의 수고로 수확된다는 것을 모르는 바가 아니나, 하루하루 자연의 풍성함과 아름다움을 누리고 있는 봄을 맞이하여 '자연의 신비'를 '생명의 진실'로 느껴 보시기 바랍니다. 그리고 우리 인간은 자연에 둘러싸여 있고 자연의 법칙에 순응해야 한다는 이치를 새삼 깨달아보면서, 프랜시스 베이컨이 꿀벌에 비유했던 것처럼 경험과 이론에 근거한 합리적인 사고를 키워보면 좋겠습니다. 그의 말처럼 아는 것이 힘이요, 최고의 증거는 단연 경험이니까요.

실패란 포기해 버리는 것이다

4월 14일, 외규장각 도서가 145년의 유랑을 끝내고 드디어 고국의 품으로 돌아왔습니다.

프랑스 함대가 병인양요(1866년) 때 강화도의 외규장각에서 약탈한 조선왕실 의궤 중 75권이 한국으로 귀환하게 된 것입니다. 프랑스에 외규장각 도서가 있다는 것이 확인된 지 36년, 반환 협상이 시작된 지 20년 만의 일입니다. 영구 반환이 아니라 5년마다 임대계약을 갱신한다는 조건이 안타깝고, 앞으로 어떤 변수가 생길지 불안하기는 하지만, 외규장각 도서들이 한국으로 귀환하기까지에는 프랑스 정부가 등가등량(같은 가치와 같은 양)의 원칙에 따른 문화재 맞교환을 주장하는 등 우여곡절이 많았다고 합니다.

프랑스 해군의 보고서에 따르면 외규장각에서 총 340권의 도서를 가져간 것으로 기록돼 있는데, 그중 296권은 프랑스국립도서관BNF에 보관되어 왔고, 한 권은 지난 1993년 프랑수아 미테랑 프랑스 대통령이 한국을 방문하였을 때 우리에게 전달되었습니다만, 또 한 권은 영국의 대영박물관에 있다고 합니다.

외규장각 도서는 조선 왕실의 강화도 외규장각에 보관되어 있던 1007종 5067권의 서적과 문서를 일컫습니다. 도서들은 조선 왕실의 중요 행사를 글과 그림으로 기록한 의궤儀軌로서 임금의 열람을 위해 최고급 소재로 만들어졌다고 합니다. 그래서 나라 안에 변란이 일어나거나 외적이 침입해도 안전하게 보관할 수 있도록 강화도에 외규장각을 설치했고 규장각 도서 중에서도 특별히 보존할 가치가 있는 중요한 서적만을 골라서 보관했으니까 이 사실만으로도 얼마나 중요한 문화재인지 짐작할 수 있습니다.

75권의 도서가 한국에 귀환하기까지는 여러 인물의 활약이 있었습니다만 이 중 재불 서지학자 박병선(83) 박사의 공이 매우 큽니다. 자랑스러운 우리 조상의 문화유산을 찾으려는 박병선 박사의 끈질긴 노력을 보면 참으로 눈물겹습니다.

박사께서는 1955년 한국전쟁 직후 프랑스로 유학을 떠난 탓에 '프랑스 유학생 1호' 라는 별명을 가지고 있습니다. 1972년부터 '직지直旨(고려 말에 국사를 지냈던 백운이라는 스님이 선불교에서 전해져 내려오는 여러 이야기를 모아 만든 책)' 에 대한 고증을 시작한 지 3년 후인 1975년에 세계에서 가장 오래된 금속활자본이 구텐베르크의 것이 아니라 대한민국의 '직지' 라는 것을 밝혀 세계 역사를 뒤집어 놓았던 인물입니다.

그리고 1977년에는 프랑스국립도서관에서 사서로 일하던 중 외규장각 도서를 찾아내어 고국에 그 존재를 알렸는데 그 일로 인해서 반역자 취급을 받으며 사서직에서 해고당합니다. 그리고 의궤 열람도 중지되었으나 여기서 포기하지 않고 한 달 동안 매일 찾아가서 책을 보여 달라고 부탁했고, 결국 도서관 측의 허락을 받아냅니다. 그때부터 10년에 걸친 가난하고 외로운 외규장각 도서 연구가 시작됩니다. 아침 10시부터 저녁 5시까지 꼼짝도 하지 않고 도서관 열람실에 앉아서 책을 읽고 해석을 했는데 밥을 먹으러 나가면 책을 반납해야 했기 때문에 끼니도 거른 채 물로 허기를 채웠다고 합니다. 그래서 붙은 별명이 '파란 책 속에 묻혀 있는 여성' 이었다고 하는데 의궤의 표지가 파란색이었기 때문입니다. 그럼에도 아무도 박병선 박사를 주목하고 지원해 주는 이가 없어 집에 있는 골동품을 하나하나 팔아가면서 혼자만의 힘으로 10년 만에 의궤에 어떤 내용이 들어 있는지 요약본을 완성하였습니다. 그 양이 자그마치 백과사전 한 권 분량이었다고 합니다. 이때 부록판 출판을 도와준 사람이 서울대 이태진 교수였고 1990년 약탈의 불법성이 증명되면서 반환운동에 물꼬가 터졌다고 합니다.

지금 각 언론에서 외규장각 도서의 반환사실을 뜨겁게 보도하고 있으나 부끄럽게도 당시에는 국내에서 반대가 많았다고 합니다. "박병선 박사는 밥먹고 할일 없으면 잠이나 자라. 하지 말라는데 왜 쓸데없는 일을 해서 골치 아프게 만드느냐"라는 비난을 전화나 편지로 수없이 받았다고 합니다.

이에 대해 박병선 박사는 이렇게 회고하고 있습니다. 물론 당시 한국은 가난하고 밥먹기 힘들 때였고 프랑스의 눈치를 보고 살필 때여서 건드리면 안 된다고 생각했을 거라고…. 이렇게 세상이 주목하지 않아도, 심지어 반대하는 사람들까지 있어도 대가를 바라지 않고 나라를 위해서 온 생을 바친 이런 분들이야말로 진정한 애국자가 아닌가 생각해 봅니다. 그리고 오늘의 이야기를 통해 말트비 D. 바브콕의 잠언을 상기해 보면 좋겠습니다.

"가장 흔하고, 가장 희생이 큰 실수들 중의 하나가 '성공이란 우리가 소유하고 있지 않은 다른 무엇'이라고 생각하는데 있다. 다시 말하면 어떤 천재적 재능이나 마술에 의한 것이라고 생각하는 것이다. 성공은 일반적으로 계속 버티어 나가는 것이며, 실패란 포기해 버리는 것이다. 당신은 언어를 배우고 음악을 공부하고, 자신을 육체적으로 훈련시키려고 결심한다. 그것이 성공할 것인가, 실패할 것인가에 대한 대답은 자신이 결심한 일이 얼마나 많은 용기와 인내를 가지고 있느냐에 달려 있는 것이다. 어떠한 것도 자신을 주저앉힐 수 없다는 결심, 아무것도 분리시킬 수 없는 단단한 힘이 성공을 가져올 것이다."

판단형 인간 VS 인식형 인간

—두 가지 성향의 유용한 점을 취하자

사람의 유형에는 '판단형 인간' 과 '인식형 인간' 이 있다고 합니다.

'판단형 인간' 은 갑자기 일어나는 일들을 좋아하지 않는 형을 말합니다. 언제나 진중하고 엄숙하며, 진지합니다. 그리고 책임을 떠맡으면 명확하며 그 한계를 벗어나는 것을 좋아하지 않습니다.

그러나 '인식형 인간' 은 자유주의자입니다. 가볍고 유쾌하고 느긋하며 짜여진 일을 좋아하지 않습니다. 그리하여 예고 없이 갑작스럽더라도 순간 변화에 잘 적응하고 사고를 유연하게 가져 임기응변에 강하다고 합니다.

가령, 밤늦은 시간에 친구가 부를 경우, 다소 귀찮지만 친구를 만나러 나가는 사람은 인지형, 그렇지 않은 사람은 판단형 인간이라는 것입니다. 각각의 성향에 대한 자료를 살펴보니, 나의 성격이 외향성인지 감성형인지, 또한 판단형인지 인지형인지 참으로 분간하기가 어렵습니다.

여러분은 어떠한 인간형입니까?

다음 참고 자료를 참작하여 각각의 성향에 따른 유용한 점을 취하도록 노력하시는 건 어떻겠습니까.

■ 각각의 성향과 관계 있는 주요 유용한 점

외향성 | 기꺼이 대화를 하는 모험을 시도

내향성 | 정신 집중, 스스로 모든 것을 해결

감성형 | 열심히 체계적으로 일함. 세부사항에 주의를 기울이고 면밀하게 관찰

직관형 | 문맥에서 유추와 추측을 한다. 자신의 훈련을 구조화하고, 개념화하고 모델을 만들고자 함.

사고형 | 분석, 자기 수련, 도구적 동기

감정형 | 통합적 동기, 동료와의 유대, 바람직한 관계는 긍정적인 자아 존중을 갖게 함.

판단형 | 체계적으로 일하며 주어진 일은 그것이 무엇이든 처리해 냄.

인지형 | 변화와 새로운 경험에 대해 개방적이고, 융통성 있으며 잘 적응함.

■ 각각의 성향과 관계 있는 주요 불리한 점

(주 : 모든 사람들이 이런 특성을 보여주는 것은 아니다)

외향성 | 외부의 자극과 상호 작용에 주로 의존

내향성 | 말하기 전에 자신의 생각을 처리해야 할 필요성 때문에 종종 대화에서 언어적 모험을 회피하는 결과를 낳게 된다.

감성형 | 언어나 학습 과정에서 뚜렷한 학습 순서, 목적, 교수 요목, 체계가 부족해서 학습에 장애가 된다.

직관형 | 부정확성과 중요한 세부 사항을 빠뜨린다. 담화의 지나치게 복잡한 것을 추구

사고형 | 자아 존중이 학습 성취에 종속되어 있기 때문에 언어 수행에 두려움이 있고, 지나치게 언어와 과정을 통제하고자 하는 욕구가 있다.

감정형 | 인정을 받지 못하면 낙심하고 대인 관계가 조화롭지 못하면 학습에 방해를 받는다.

판단형 | 엄격하고 모호한 자극에 대해 참을성이 없다.

인지형 | 나태하고 일을 진행하는 과정에서 일관성이 없는 상태로 진행.

사람에게도 마음을 움직이는 '지렛대' 가 있다

'고슴도치 딜레마' 라는 것이 있습니다.

추위를 피하기 위해 고슴도치들이 서로에게 바싹 다가가지만, 다가갈수록 몸에 돋친 가시가 서로의 몸을 찔러 몸엔 상처가 날 뿐이었다는 이야기입니다. 떨어지면 춥고 가까이 가면 아픈 안타까운 상황은 혼자서는 살 수 없어 서로 가까이 다가갔다가 곧 상처를 입고 물러나고 마는 우리의 인간관계를 잘 설명해 주고 있습니다.

물론 '고슴도치 딜레마' 의 이야기는 고슴도치들이 서로에게 상처를 입히지 않으면서도 추위를 견디기에 적당한 거리를 찾아낸다는 것으로 끝납니다. 고슴도치들이 몇 차례 서로에게 상처를 입히면서도 계속 다가가다가 상처를 입히지 않고 추위를 견디기에 가장 적당한 거리를 찾아냈다는 것입니다. 그래서 존 록펠러는 "사람을 고용할 때 무엇을 가장 중요하게 여기십니까?"라는 질문에 즉각적으로 "다른 사람과 잘 어울릴 수 있는 능력"이라고 대답하였는지도 모를 일입니다. 하지만 문제는, 나를 힘들게 하는 사람들은 나와 전혀 상관없는 외부 사람이 아니라, 대개 나와 함께 하루 24시간 중 대부분의 시간을 보내야 하는 직장 동료이거나 친구, 가족들이거나 이웃 등 일상에서 만나는 사람들이라는 점이 고민의 시작입니다.

이러한 문제의식을 바탕으로 독일의 심리치료사인 이름트라우트 타르는 자신의 저서 《고슴도치 길들이기》(박정미 옮김)를 통해 이해하기도, 상대하기도 까다로운 사람을 '고슴도치형 인간'으로 정의하고 이들을 슬기롭게 다루는 요령까지 알려주고 있습니다.

우리 주변에서 흔하게 접할 수 있는 고슴도치 유형을 열 가지로 나누어, 각각의 유형들이 드러내는 특징과 기저에 깔린 심리적 상태에 대한 저자의 설명을 보겠습니다.

자기 말이 옳다며 남을 컨트롤하는 '지배형 고슴도치', 사소한 일에도 적대적이고 목숨 걸고 덤비는 '공격형 고슴도치', 지나간 잘못을 들추며 불신하고 비판적인 '의심형 고슴도치', 말수가 적고 가까워지기 힘든 '달팽이 고슴도치', 친절한 척하지만 진심은 없는 '위선자 고슴도치', 항상 자기만 손해를 본다고 여기는 '희생양 고슴도치', 자신은 특별한 대접을 받아야 한다고 믿는 자아도취에다 이기적인 '나르시스형 고슴도치', 매사에 부정적이고 비관적인 '비관형 고슴도치', 주목받으려고 극적으로 과장하는 '허풍선이 고슴도치', 상대방은 안중에도 없이 배타적이고 참을성이 없는 '배타적 고슴도치' 등 설득도, 칭찬도 안 통하는 사람을 고슴도치에 비유하여 분류하고 있습니다.

저자는 또 인간관계가 과거보다 더 힘들어진 이유는 사회가 발전하면서 다양한 현실과 규칙 그리고 윤리관 등이 저마다 정당성을 갖고 존재하기 때문이라고 진단합니다. 다루기 힘든 사람들을 상대하는 것은, 고슴도치만 만나는 게 아니라 자기 자신도 만나는 것이기 때문에 매우 가치 있는 일이라고 말합니다. 다시 말해 고슴도치를 다루는 것은 자기 자신의 문제점을 다루는 것과 밀접한 관계가 있는 것입니다. 그러니까 다루기 힘든 사람들에게 마음의 문을 열고 그들을 이해하는 것은 자기 자신을 발견하는 좋은 방법이기도 하다고 조언합니다.

가만히 생각해보면, 세상에는 참 다양한 사람이 살고 있습니다. 어느 분의 말씀처럼 우리가 만나는 사람들이 어떤 전형적인 성향이나 분명한 특징을 갖고 있는 사람들이 아니기 때문에 이들이 어떤 사람인지 도무지 갈피를 잡을 수가 없습니다. 그래서 사업에서든 공직에서든 성공하기 위해 가장 필요한 기술skill 중 하나는 문제를 일으키는 사람들을 어떻게 다루어야 하는지를 터득하는 것이라고 강조합니다. 만약 당신이 이런 사람들을 어떻게 다루어야 하는지 터득하게 된다면 당신의 미래는 성공적일 것이라고 말입니다.

이 이야기를 엮어가면서 저도 문득 이런 생각을 해 봤습니다.

사람에게도 사용설명서 혹은 개인택tag이 있다면 상대방이 누구이고 어떤 성격의 소유자이며 무엇을 좋아하고 싫어하는지 등을 쉬이 알 수가 있기에 얼마나 수월하게 인간관계를 형성할 수 있을까 하고 말입니다.

그런데 재밌는 건, 사람에게도 사용설명서를 전혀 발견할 수 없는 건 아니라고 합니다. 그 사람의 마음을 움직일 수 있는 지렛대 같은 게 반드시 어디 한곳에 숨어 있다는 것입니다. 제품사용설명서와 다른 점이라면 포장을 뜯자마자 바로 눈에 보이는 게 아니라 사람마다 각기 다른 인생과 아픔과 기쁨이 존재하기 때문에 시간과 수고를 들이지 않는다면 절대로 찾아낼 수 없다는 것이죠.

수많은 고슴도치들과 더불어 살아가야 하는 세상, 고슴도치들이 찔러대는 날카로운 가시에 당신의 하루가, 업무가, 인생이 고단하다면 '상대하기 힘든 사람 다루는 법' 이라는 '지렛대' 를 참고해 보시면 어떨까요?

■ 상대하기 힘든 사람 다루는 법

1. 사람을 다루는 기본원리

—남을 비난하는 것은 하늘에 대고 침 뱉는 격이다.

—상대가 원하는 것을 알면 마음을 움직일 수 있다.

—낚싯바늘에 물고기가 좋아하는 먹이를 달아야 잡힌다.

2. 타인의 호감을 얻는 방법

—진심에서 우러나는 관심을 쏟는다.

—좋은 첫인상을 남기도록 항상 밝은 미소를 지어라.

—이름을 기억하고 존칭어를 사용하라.

—다른 사람의 말에 귀를 기울여라.

—타인의 관심사를 화제로 삼아라.

—상대의 말이 맞지 않더라도 좋은 방법으로 마무리하라.

3. 사람을 설득하는 효과적인 방법

—회의 때 논쟁은 필요하되 간단하게 마무리할 수 있도록 하라.

—자신의 잘못을 인정하라.

—우호적인 태도로 상대방을 포용하라.

—긍정적인 대답을 이끌어내는 질문을 연구하라.

—상대가 마음껏 얘기하도록 경청하라.

—스스로 결론을 내도록 유도하라.

—타인의 입장에서 생각하라.

—타인의 마음에 호소하라.

—관심을 끌기 위해 적극적으로 표현하라.

—경쟁의식에 자극을 줘라.

4. 사람을 변화시키는 방법

—칭찬으로부터 시작하라.

— 비판과 충고는 간접적으로 하라.

—직접적인 명령보다 부탁이 낫다.

—상대방의 체면을 세워줘라.

—사소한 일이라도 아낌없이 칭찬하라.

—상대에게 발전적인 기대를 거는 척이라도 하라.

—실수를 용서하고 격려하라.

—자발적으로 협력하도록 만들어라.

4월이 잔인한 이유

사람들은 왜 4월을 잔인한 달이라고 할까요?

이는 T. S. 엘리엇Thomas Sterns Eliot(1888~1965)의 시 〈황무지The Waste Land〉의 첫 구절에서 비롯된 표현입니다.

4월은 가장 잔인한 달
죽은 땅에서 라일락을 키워내고
추억과 욕정을 뒤섞고
잠든 뿌리를 봄비로 깨운다.
겨울은 오히려 따뜻했나.
잘 잊게 해주는 눈으로 대지를 덮고

마른 구근球根으로 약간의 목숨을 대어주었다

……

이 작품은 5부로 구성되어 있는 서사시인데 겉으로는 계절의 순환 속에서 다시 봄이 되어 버거운 삶의 세계로 돌아와야 하는 모든 생명체의 고뇌를 묘사하고 있습니다만, 말하자면 '망각의 눈(雪)'에 쌓인 겨울은 차라리 평화로웠지만 다시 움트고 살아나야 하는 4월은 그래서 잔인하다는 것입니다.

하지만 자고로 명시名詩란 모습을 먼저 보이고 마음은 뒤로 감추는 법. "겨울 지나 새봄이 오면, 겨우내 잠자던 만물들은 긴 잠에서 깨어나, 활발하게 활동하는 재생과 부활의 기쁨이 있건만, 오직 현대 인간들의 문명은 황폐화하여, 4월의 새봄이 오더라도 결코 새로운 생명을 피워낼 수도, 희망도 없는 황무지와 같다."고 비관적으로 진단한 노래입니다.

엘리엇이 〈황무지〉를 발표한 시기는 1922년이었습니다. 3천만 명이 넘는 사망자를 낸 1차 세계대전(1914~1918)이 끝난 지 4년이 지난 해였습니다. 또 흥미로운 사실은 〈황무지〉가 노벨문학상을 받은 때가 1948년이었는데 5천만 명이 넘게 사망한 2차 세계대전(1939~1945)이 끝나고 3년 후였다는 점입니다.

이렇듯 참혹한 전쟁을 체험한 엘리엇은 서구인의 삶 속에서 죽음만이 유일한 소망이 되어버린 그런 깊은 절망을 보게 되었습니다. 더불어 그를 더욱 절망하게 한 것이 바로 그 절망조차 의식하지 못하는 현대인의 냉정하고도 황폐한 정신세계였습니다. 그렇기에 엘리엇은 아주 잔인하고 끔찍한 단어를 택한 것입니다. 그리고 참된 삶의 의미를 망각하고 사는 사람들을 향해 꽁꽁 얼어붙었던 땅에서 연약한 생명들이 싹터오는 것을 봅니다. 만물이 소생하고 꽃들이 만발하는 아름다운 생명의 계절인 4월에 자신이 아무것도 할 수 없는 처지를 봄이 와도 꽃을 피울 수 없는 황무지에 비유했던 것입니다.

엘리엇의 시 〈황무지〉에서는 전후 서구인의 잔인한 4월을 말하고 있지만 우리나라 사람들에게도 '4월은 잔인한 달' 이란 시어가 큰 공감을 얻고 있습니다.

이러한 이유는 1948년에 일어난 제주의 4 · 3항쟁 그리고 올해로 51주년을 맞은 4 · 19혁명 등 한국근대사에서 4월에 가장 많은 정치적 변수나 혁명, 변고, 사망, 정치가들의 구속, 경제적 침체현상들이 집중적으로 발생한 근대사와 무관하지 않을 것으로 생각됩니다. 게다가 최근에 카이스트에서 채 피지도 못한 꽃봉오리들이 지는 충격적인 사태를 보면서 우리도 이미 빠른 경제성장 그늘에서 발생하는 가장 잔인한 4월을 겪고 있는 것인지도 모른다는 생각이 듭니다.

진정한 인생을 살아가기 위해서는 다양한 삶의 가치를 가지고, 많은 실패의 경험과 실패를 극복하기 위한 노력과 용기가 필요합니다. 절망적인 상황에도 불구하고 죽은 땅이 라일락을 키우듯 우리 모두에게 희망적인 4월이 되기를 소망해 봅니다.

철저히 준비하고 때를 기다릴 줄 아는 사람이 되자

'엎지른 물은 다시 주워 담기 어렵다' 라는 말을 처음 한 사람은 중국 주周나라 강상姜尙이었습니다.

강상은 집안이 가난한데도 생계는 돌보지 않고 밤낮으로 책만 읽었습니다. 그의 아내는 가끔 낚싯대를 들고 나가기에 물고기라도 잡아 오려나 했지만 언제나 돌아올 땐 빈 바구니였습니다. 낚싯대엔 바늘이 없었으니 강상은 물고기가 아닌 세월만 낚았던 것입니다. 결국 아내는 가난을 견디다 못해서 친정으로 돌아가 버렸는데 그럼에도 강상은 책만 읽었습니다.

그렇게 세월이 흘러 어느 날, 주周나라 시조인 무왕의 아버지 문왕이

막료幕僚들과 사냥을 나갔다가 위수渭水(황하의 큰 지류)에서 낚시질을 하고 있는 초라한 노인, 강상을 만나게 됩니다. 그런데 낚시질이 뭔가 다르다고 느낀 문왕이 "어른은 어찌하여 낚싯바늘이 없고 게다가 낚시를 강물에다 담그지 않고 들고 있습니까?" 물으니 강상의 대답인즉, "나는 천하라는 고기를 낚으려고 한다네."라고 대답하는 게 아니겠습니까? 큰 인물은 큰사람을 알아본다고 문왕은 이야기를 나누어 보고 학식이 탁월하고 천하를 논論할 사람임을 알아보았다고 합니다.

이후 강상은 주나라 문왕의 초빙을 받아 그의 스승이 되었고, 무왕을 도와 상商나라 주왕紂王을 멸망시켜 천하를 평정하였으며, 그 공으로 제齊나라 제후帝后(속국의 임금)에 봉해져 그 시조가 되었습니다.

무왕은 강상을 아버지 태공太公이 '바라고 기다리던(望)' 인물이라 하여 태공망太公望이라 그렇게 부르게 되었다고 전해집니다. 이렇듯 강태공은 오랜 세월 때를 기다렸고, 기다리는 동안 철저히 준비했으며, 또 찾아온 기회를 놓치지 않았던 것입니다.

오랜 세월이 지난 후 제나라의 임금인 강태공의 소식을 듣고 아내 마馬씨는 제나라에 이르러 남편, 강태공을 만나 죄를 뉘우치면서 용서를 구하고 다시 아내로 맞아달라고 했죠. 그러자 강태공은 대답 대신에 잠자코 옆에 있는 물그릇을 들어 마당에 엎지른 다음 아내였던 마씨에게 "저 물을 다시 그릇에 담으시오. 그리고는 그 물을 주워 담으면 다시 아내로 맞겠다."고 합니다. 이에 마씨는 "어찌 이미 엎지른 물을 다시 주워 담을 수 있단 말입니까." 하며 대성통곡하는 아내에게 강태공은 조용히 말합니다. "한 번 엎지른 물은 다시 그릇에 담을 수 없고〔覆水不返盆〕 한 번 떠난 아내는 돌아올 수 없는 법이오." 하였습니다.

이 이야기는 '고생 끝에 낙이 온다.'는 전형적인 강태공의 성공스토리입니다만 무작정 기다린다는 건 어쩌면 무모한 일인지도 모릅니다. 그러나 아픈 후회를 하지 않으려면 준비가 완전할 때 그리고 기다리는 그 뭔가가 확실할 땐 조바심 내지 말고 기다리는 끈기와 지혜를 발휘하고, 때가 와도 준비를 못해서 놓치고 마는 그런 실수는 말아야겠다는 생각을 해봅니다.

항산恒産이 없으면 항심恒心도 없다

맹자가 고향 산동현山東縣에 돌아와 쓸쓸히 만년을 보낼 때의 일입니다.

산동에서 그리 멀지 않은 곳에 등騰이라는 소국小國이 있었는데, 그가 고향에 돌아왔다는 소식을 들은 등문공騰文公은 그를 국정의 고문으로 초빙하였습니다.

어느 날 등문공이 맹자에게 나라 다스리는 법을 묻자, 맹자는 이렇게 대답했습니다. "농한기에는 집안일을 마치고 농번기에는 농사에 열중하는 것"이라며 "일반 백성이 살아가는 데는 꾸준히 일할 수 있는 생업, 즉 항산恒産이 있어야 한다. 그래야 항상 변치 않는 믿음 '항심恒心'을 유지할 수 있다."고 말했습니다.

이 말은 곧 항산恒産(일정한 생업)이 없더라도 항심恒心(불변하는 양심)을 가질 수 있는 것은 오직 선비만이 할 수 있거니와 일반 백성들은 항산이 없으면 그 때문에 항심을 가지지 못하는 것이라는 뜻으로써 만일 항심이 없어 밖으로부터의 유혹에 마음이 흔들린다면 방탕, 편벽, 사악, 사치 등으로 못할 짓이 없게 된다고 우려하였던 것입니다. 결론적으로 치국治國의 첩경捷徑, 그것은 민생民生에 있다는 것으로써 먼저 백성을 배불리 먹여 놓고 볼 일이라는 것입니다.

사실 맹자는 위민정치 이념에 투철했던 사람입니다. 늘 통치자보다는 백성의 입장에 서서 정치를 논했던 거죠. 그래서 그는 문공文公에게 왕도정치를 설명하면서 그 첫걸음은 백성들의 의식주를 만족하게 해주는데 있다고 했습니다.

우리 속담에도 '쌀독에서 인심 난다'는 말이 있듯이 제아무리 인의仁義니 도덕을 강조한들 백성들이 굶주리고 있다면 사상누각에 불과할 뿐이라며 곧 민생의 안정이 무엇보다 중요함을 역설했던 것입니다.

최근 지역의 특성과 자율성을 반영한 지역중심의 일자리 창출과 지역경제 활성화를 위해 팔을 걷어붙이고 있습니다. 이왕에 발굴하는 일, 김연수 작가가 〈청춘의 문장들〉에서 썼던 그런 일자리라면 얼마나 좋겠습니까.

"완전히 소진되고 나서도 조금 더 소진되고 싶어서 일을 하고 싶었다. 내가 누구인지 증명해 주는 일, 그리고 나를 행복하게 해주는 일, 견디면서 동시에 누릴 수 있는 일, 그런 일을 하고 싶었다."

사람을 행복하게 해주는 데는 세 가지 요소가 있다고 합니다. 그것은 바로 '사랑', '일' 그리고 '놀이' 입니다. 반면에 텅 비어 있으면 좋지 않은 세 가지도 있는데 '집안', '마음' 그리고 '돈지갑' 이 바로 그것입니다.

그런데 이 중에서 특히 일이 없거나 돈지갑이 비면 사랑도 놀이도 생기를 잃어버릴 수 있고, 마음도 덩달아 비게 된다는 사실입니다.

우리 모두 김연수 작가가 말하는 그런 일을 할 수 있다면 경제적으로 생활이 안정되고, 전 시민이 항상 바른 마음을 가질 것이기에 유항산有恒産, 유항심有恒心의 복지사회의 길은 자연히 열리게 되지 않을까 생각해 봅니다.

신상필벌이 중요한 이유

상은 앞으로 나아가게 하는 힘이 있고, 벌은 뒤처지지 않게 하는 힘이 있다고 학자들은 설명합니다. 조직 구성원의 시너지효과를 최대한 끌어올리기 위한 가장 기본적인 도구가 바로 '상'과 '벌'이라는 것입니다. 따라서 상은 공을 권장하는 것이요, 형벌은 죄를 징계하는 것이니, 그것을 시행함에 있어 엄정하고 냉정해야 함은 당연한 것입니다.

카이스트 이수영 교수에 따르면, 사람은 공감하는 특성이 있기 때문에 동료가 벌을 받는 것을 보면 스스로 벌을 받는 것과 유사한 두뇌활동이 일어난다고 합니다. 하지만 상을 주면 받는 사람, 보는 사람, 주는 사람 모두가 즐거워하며 능률이 올라 전체가 더욱 잘하게 된다고 합니다. 그래서 잘하는 일을 더욱 발전시키기 위해서는 '긍정적 강화' 즉 상을 적극 활용하여야 한다고 강조합니다.

중국 삼국시대 촉한蜀漢의 정치가이자 전략가인 제갈 공명도 사소한 칭찬과 질책도 상벌의 효과를 가진다고 강조하면서 상과 벌에 대해 이렇게 말했습니다.

"상은 공을 세우도록 장려하고, 벌은 법령위반을 근절한다. 따라서 상은 공평해야 하고, 벌은 균등해야 한다. 어떤 때에 상을 내리는지를 알면 용감한 자는 사력을 다할 바를 알고, 어떤 때에 벌을 내릴지를 알면 악한 자는 두려워할 바를 안다. 그러므로 상을 헛되이 주어서도 안되고, 벌을 함부로 가해서도 안 된다. 상을 잘못 주면 공적을 쌓은 자가 원망하고, 벌을 함부로 가하면 바르게 사는 사람의 원한을 산다."

제갈 공명의 잠언을 적다보니, 우리나라 4대 명절 가운데 하나인 '한식寒食'의 유래가 떠오릅니다. '한식'의 기원이 개자추介子推의 혼령을 위로하기 위한 풍속에서 비롯되었다는 것은 이미 잘 알려진 사실입니다.

지금까지 전해져 내려오는 바에 의하면, 춘추시대 진나라 때의 인물인 개자추는 문공과 19년간 망명생활을 함께하면서 그 고달픈 세월을 한결같이 곁에서 충성을 다해 보좌하였고, 문공이 배고픔에 지쳐 쓰러지자 주군을 살리기 위해서 자신의 허벅지 살로 고깃국을 끓여 올렸을 정도로 충정을 다한 신하였습니다. 하지만 문공은 군주의 자리에 오른 뒤 그를 잊어버리고 등용하지 않았고, 이에 실망한 개자추는 조용히 행장을 꾸려 면산綿山에 가서 은거를 하였습니다. 한때의 동지들에게 밀려서 끝내 국록을 받지 못했지만 개자추가 산으로 들어가 버린 깊은 이유는 더욱 눈물겹습니다.

문공이 왕위에 오르자 오랜 세월 함께 고생한 신하들이 서로 내가 1등공신이라며 자리다툼을 벌이는 추태를 보고 개자추는 그런 정치현실에 실망을 금치 못했던 것입니다. 그리하여 고향으로 돌아가서 어머니와 함께 면산에 의탁합니다. 그때 개자추의 심정은 버려진 신하의 배신감이라기보다는 그저 평범한 농부로, 어머니의 아들로 하늘의 뜻을 거스르지 않고 정치권력으로부터 자유롭게 살고 싶은 마음이 아니었겠나 하는 것이 대체적인 해석입니다.

뒤늦게 이 사실을 깨달은 문공은 개자추를 부르지만 그가 나타나지 않자 면산에 길 하나만 남겨놓은 채 불을 질렀습니다. 효성이 워낙 지극한 개자추였기에 어머니를 구하기 위해서라도 반드시 밖으로 나오리라 믿었기 때문이죠. 하지만 개자추는 끝까지 나오지 않고 어머니와 함께 불에 타죽고 마는데 그것은 군주에게 보내는 마지막 충정, 바로 정치를 깨끗하게 해달라는 마지막 메시지였다는 것입니다. 개자추의 충정이 문공의 가슴에 사무치는 순간이었죠.

그 뒤로 문공은 인재를 등용할 때 측근보다는 능력 위주로 기용하였고, 1년에 한 번 개자추의 죽음을 기려서 불을 피우지 않고 찬밥을 먹을 때마다 자신을 반성하고 개자추가 자신에게 보내준 메시지를 마음 깊이 되새겼다고 합니다. 그 결과 문공은 춘추오패春秋五覇의 한 영웅으로, 모범적인 군주로 역사에 남았습니다.

춘추오패란 제齊나라의 환공桓公, 진晉나라의 문공文公, 초楚나라의 장왕莊王, 오吳나라의 왕 합려闔閭, 월越나라의 왕 구천勾踐을 가리키는데, 중국에서 제국간諸國間 혹은 제후간諸侯間에 맺어지는 회합이나 맹약을 회맹會盟이라 하며, 회맹의 맹주盟主가 된 자를 패자라고 합니다.

2000년 넘게 전해져 내려오는 '한식' 의 기원에 숨은 이야기는 오늘날에도 시사하는 바가 크다고 생각됩니다.

세기의 결혼식, 영국 로열웨딩

영국의 윌리엄 왕세손과 평민 가문의 케이트 미들턴 씨가 4월 29일 영국 런던의 웨스트민스터 성당에서 결혼을 합니다.

두 사람은 스코틀랜드 앤두루스 대학생 시절 사랑에 빠졌다고 하는데, 세기의 결혼식을 앞두고 영국은 물론이고 서방세계가 들떠 있습니다. 100개국 이상의 방송진이 결혼식 생중계를 위해 런던에 입국했고, 버킹엄궁 앞에는 마차 퍼레이드의 마지막 부분과 발코니에서 이뤄질 왕자 부부의 첫 키스 장면을 촬영하기 위한 임시 스튜디오가 23개나 설치되었다고 합니다. 뿐만 아니라 버킹엄궁 옆 그린파크 주변에는 120대의 방송사 차량이 배치되고, 취재와 특집방송을 위해 1000여 명의 인력이 투입되었다고 합니다. 시청률도 높아 텔레비전 생방송 사상 최대인 20

억 명이 지켜볼 것으로 예상된다고 하니 가히 '세기의 결혼식' 이라 해도 과언이 아닌 듯합니다.

영국 왕실의 법도와 호칭은 까다로워 일반인들이 이해하기 복잡한 면이 적지 않습니다. 찰스 왕세자의 전 부인, 그러니까 이번에 결혼하는 윌리엄 왕세손의 생모를 사람들은 흔히 '다이애나 왕세자비' 라고 부르지만 이는 공식 명칭이 아니라고 합니다. 제대로 된 호칭은 남편 이름을 따 '찰스왕세자비' 라고 불러야 한다는 것입니다.

그리고 영국 관습 헌법에는 이혼녀의 경우 왕비Queen Consort 칭호를 얻을 수 없도록 규정하고 있다고 합니다. 따라서 윌리엄 왕세손의 아버지, 찰스 왕세자의 현재 부인 커밀라 공작부인은 앞으로 찰스가 왕위를 계승하여도 왕비 칭호를 가질 수가 없습니다.

그러나 여러 가지 사정을 감안하여 찰스와 커밀라가 재혼할 당시 영국 헌법부는 왕비 칭호를 써도 된다고 판결하였다고 하는데 왕실은 다이애나 비에 대한 동정 여론을 감안하여 훗날 찰스 왕세자가 왕위를 계승해도 커밀라에게는 빈Princess Consort이라는 호칭을 쓰기로 했다고 합니다.

또한 14세기부터 왕의 장남을 '웨일스 공Prince of Wales' 이라고 불렀기에 커밀라 부인도 ' 웨일스 공작부인' 으로 불러야 마땅하나 이 호칭은 다이애나 비가 먼저 썼기 때문에 콘월Cornwall 공작부인이라는 칭호를 쓴다고 합니다.

영국 왕가의 성명姓名도 복잡하기는 마찬가지입니다. 현재 영국 왕가는 독일에 뿌리를 둔 작센 코부르크고타 가문입니다. 영국 왕족은 제1차 세계대전 이전인 1917년까지는 성 대신 출신 국가나 가문 이름을 썼습니다만 독일과의 전쟁 등으로 독일식 가문 이름이 부담이었습니다. 이에 조지 5세는 영국 버크셔 주 윈저에 있는 성채城砦의 이름을 따 '윈저Windsor'를 성으로 정하였다고 합니다. 이미 잘 알려진 바대로, 서양에서는 여성이 결혼하면 남편의 성을 따르는 전통이 있습니다. 현재 여왕의 남편 필립 공의 성은 '마운트배튼Mountbatten'입니다. 이에 따라 현재 왕손들은 할아버지의 성과 자기네 성을 합쳐 '마운트배튼-윈저'를 성으로 쓰고 있다고 합니다.

한편, 이번 로열웨딩이 케이트 미들턴이라는 '신데렐라'를 탄생시켰다면, 신랑인 윌리엄(29) 왕세손에겐 전 세계를 향해 왕위계승 서열 2위권자로 데뷔하는 무대라는 것이 언론의 대체적인 관측입니다.

그 이유는 영국 국민들 사이에서 윌리엄의 인기가 치솟고 있기 때문이라며, 아버지 찰스 왕세자가 1996년 다이애나 빈과의 이혼과 이듬해 그녀의 자동차 사고사, 오랜 정부情婦 커밀라 공작부인과의 재혼으로 도덕성에 타격을 입으며 인기가 추락한데다가 지난해 말 "(내가 왕이 되면) 커밀라가 왕비가 될 것"이라고 한 발언은 그렇지 않아도 비호감인 그의 이미지를 더 악화시켰다는 것입니다.

또한 1969년 책봉 이래 42년간 영국 역사상 유례없이 긴 세월 왕세자

노릇을 하는 데 대한 국민적 피로감도 작용하는 것으로 분석하고 있습니다. 여기에다 조류 관찰 취미나 우물거리는 말투는 코미디 단골소재가 된 지 오래고, 국가 경영철학도 빈약하여 왕실 무용론의 주범으로 지목될 정도라는 것입니다. 반면 다이애나 빈을 쏙 빼닮은 모습으로 장례식에서 슬퍼하던 어린 윌리엄이 성장하면서 '대안'으로 거론되기 시작하였다고 합니다.

윌리엄은 친근하면서 활동적인 이미지로 어머니의 인기를 이어갔고, 대학 동기와의 10년에 걸친 신중하고 긴 연애로 아버지와 차별화되었다고 합니다. 신분사회인 영국에서 왕세손과 평민의 결혼도 그의 대중친화적 이미지를 배가했다고 언론은 분석합니다.

신붓감인 케이트가 미모와 패션 감각에서 다이애나 빈을 연상시키는 데다 다이애나의 사파이어 반지를 물려받고, 둘이 함께 다이애나의 묘소를 찾은 것도 대중의 향수를 자극했다고 하니, 부드럽고 섬세한 이미지, 감미롭고 거침없는 리더십 그리고 신의를 지도자의 최고 덕목으로 삼는 것은 동서고금을 막론하고 인지상정인 것 같습니다.

민들레의 강인한 생명력
그 근성을 본받자

임항선 철길은 거의 폐선이 되다시피 하면서 추억의 길이 되어버린 지 오랩니다. 서민들의 애환과 질퍽한 삶이 묻어나는 그 철길을 걷다가 함초롬하게 피어 있는 한 송이 민들레를 만났습니다. 절망이 떨어진 자리에 희망의 싹을 틔운 것입니다. 모질게 불어오는 바닷바람 탓에 나무마저 자라길 거부한 그 척박한 땅에 뿌리를 내리고 노랗게 떨고 있는 민들레가 아름답다기보다는 가슴이 찡한 느낌이 들었습니다. 민들레가 뭇 사람들에게 하릴없이 밟히는 잡초 같은 꽃이 된 데는 그만한 사유가 있습니다.

민들레에 얽힌 유래와 전설을 보면 옛날, 아주 먼 옛날, 한 임금이 있었는데 그 임금의 운명이 너무나 가혹했습니다. 임금인데도 하늘의 별들로부터 평생 딱 한 번만 명령을 내릴 수 있는 운명을 받았으니 말입니다. 그런 운명으로 인해 그는 신하나 백성들 앞에서의 권위를 갖지 못했죠. 군대를 통솔하는 일, 세금을 거둬들이는 일, 심지어 왕자나 공주의 혼례식에도 그는 어떠한 명령을 할 수가 없었습니다.

그는 자신이 사용할 수 있는 단 한 번의 명령을 언제 써야 할지 끊임없이 고심했습니다. 계속되는 고민으로 인해 심란했던 왕은 어느 날, 몰래 궁을 빠져나와 마을을 이리저리 돌아다녔습니다. 그런 그때, 왕의 눈에 보였던 것은 평범한 백성들조차 가장의 뜻에 따라 아이들을 가르치고 농사를 짓고 집안의 일들을 결정하고 명령하는 광경이었습니다. 이를 보고, 초라한 움막에 사는 백성들의 처지가 화려한 궁궐에서 사는 자신의 신세보다 백배 낫다고 생각한 왕은 이전보다 더 깊은 우울증에 빠졌죠. 그리고는 절망 속에서 자신의 운명을 그렇게 만들어버린 하늘의 별들을 원망했습니다.

그래서 임금은 자신의 운명을 그렇게 만든 별들에게 복수하고 싶었습니다. 마침내 처음이자 마지막으로 명령을 내렸죠. "이 못된 별들아! 모조리 떨어져 땅 위에 꽃이 되거라. 내 너를 밟아 주리라." 그러자 별은 임금의 명령에 따라 땅으로 떨어져 꽃이 되었고 임금은 양치기가 되어서 실컷 그 꽃들을 밟고 다니게 되었다는 이야기입니다.

그렇게 왕의 분풀이를 이기고 모질게 생명을 이어온 노란 꽃이 바로 민들레라는 것입니다. 아무리 밟혀도 결코 죽지 않고 절망도 하지 않고 이듬해 어김없이 또 꽃을 피워내고야 마는 키 작은 꽃 민들레. 자갈길 빈틈에 끼어서 어떻게든 자기 살 곳을 찾아서 뿌리를 내리고 꽃을 피워 내는 그 생명력이 경이롭습니다.

생명보전을 위해 가벼운 솜털에 실어 보내는 작은 씨앗들은 봄바람을 타고 40킬로미터까지 날아가고 땅속뿌리는 줄기의 15배까지 뻗어 나간다고 하니 정말 대단합니다. 아무리 이리 치이고 저리 밟혀도 꿈과 희망을 버리지 않고, 다시 꿋꿋하게 일어나는 민들레의 모습이 백성과 같다고 하여 민초民草에 비유되기도 합니다.

요즘 젊은이들을 보면, 조그마한 어려운 일에 부닥치기라도 하면 '저것은 벽, 도저히 뿌리를 내릴 수 없는 메마른 토양' 이라고 느낄 때가 많이 있는 것 같습니다. 그래서 때로는 힘들게 도전하기보다는 쉽게 포기해버리는 것을 택하기도 합니다. 하지만 세상에 쉬운 일이 어디 있겠습니까. 비즈니스도 마찬가지입니다. 흥미를 갖고 덤벼들다보면 재미를 발견하게 됩니다. 쉽게 좌절하고 포기하기 시작하면 나중에는 더 이상 피할 곳이 없게 됩니다.

정주영 현대 창업주가 남긴 화두 가운데 직원들의 잠재된 도전의식을 이끌어 낸 아주 실용적인 화두는 "해보기는 했어?" 입니다. 지금의 울산이 있게 한 현대조선소에서부터 건설장비조차 제대로 없는 상황에서 2년 5개월이라는 세계 최단 시간 만에 완공한 경부고속도로 건설과 사

서민들의 애환과 질퍽한 삶이 묻어나는
그 철길을 걷다가 함초롬하게 피어 있는
한 송이 민들레를 만났습니다.
절망이 떨어진 자리에 희망의 싹을 틔운 것입니다.

우디아라비아 주베일 항만공사까지, 그의 이 한 마디는 도전 앞에서 망설이는 현대직원들의 가슴에 불을 지피는 불쏘시개가 됐다고 합니다.

젊은이는 성취와 실패를 거듭 반복하는 과정에서 발전하고 또 성숙하는 것입니다. 혹 선택이 잘못되었다 하더라도 시행착오의 소중한 경험을 얻을 수 있는 것입니다. 아무리 이리 치이고 저리 밟혀도 저 홀로 꿈과 희망의 꽃을 피워내는 민들레처럼 무슨 일이든 끈기와 근성을 갖고 도전하다 보면 자연스럽게 꿈은 이루어지리라 믿습니다.

5월은 감사와 사랑을 표현하는 달

어떠한 단어에 '5월' 이라는 수식어로 꾸며주면 5월만이 만들어 주는 특별한 분위기가 느껴지는 것 같습니다.

그냥 '정원' 보다 '5월의 정원' 이라고 하면 꽃과 나무가 가득한 싱그러운 정원을 떠올리게 되고, 어느 계절이나 펼쳐지는 축제이지만 '5월의 축제' 가 좀 더 화려한 느낌을 줍니다. 그리고 혼례를 올리는 신부도 '5월의 신부' 가 여느 신부보다 더 우아하고 아름답게 느껴지니까 말입니다. 그 특별한 5월을 맞이하였습니다.

'5월' 하면 가장 먼저 떠오르는 것은 아마도 '가정' 이 아닐까 합니다. 그리고 따뜻한 햇살과 포근한 바람, 순수하고 때묻지 아니한 깨끗하고 보드라운 연녹색 이파리들, 웨딩사진을 찍는 신랑신부의 행복한 모습들일 것입니다.

5월은 근로자의 날을 시작으로 어린이 날, 어버이 날, 석가탄신일, 스승의 날, 성년의 날이 이어집니다. 그래서 5월은 '가정의 달' 이라기보다는 사랑과 정으로 맺어진 '사랑의 달' 이자 우리를 아껴주고 보살펴준 사람들에게 '감사와 사랑을 표현하는 달' 이라는 말이 맞는 것 같습니다.

하지만 5월을 맞는 우리네 마음은 너 나 할 것 없이 그다지 유쾌하거나 편치만은 않은 것 같습니다. 어린이 날, 귀여운 아이들의 해맑은 웃음소리에 온 가족이 덩달아 행복에 겨워하는 모습을 보면서, 저들과 같이 단란했던 옛적을 떠올려봅니다. 성장한 자식들이 제 앞가림을 잘할 수 있도록 인생의 밑그림을 그려주고 안내자로서의 역할을 충실히 해줘야 하는 건데 하는 아쉬움과 미련에 마음이 짠했습니다.

어버이 날은 더욱 그러했습니다. 부모님께 자식 노릇하는 날이라곤 기껏해야 생신, 기념일 포함해 1년에 서너 차례 안팎. "바쁜데 이런 걸 뭐 하러 했니?"라고 하시며 애써 흐뭇한 표정을 짓고 계셨지만 외로움이 짙게 배어있는 그 가슴은 얼마나 허하고 황량할까… 조금 더 건강하고 기력이 왕성하실 때 잘해드릴 걸… 이 다음에 더 잘해드리겠다고 마음먹었는데 때를 놓치고 만 이런저런 일들이 마음에 걸려 가슴이 미어집니다.

강물처럼 유장하고 바다처럼 넓고 깊은 사랑과 배려로 인생을 어떻게 살아가는 것이 진정으로 가치 있는 삶이며 참 인생인지를 가르쳐 주시며 매서운 채찍을 드셨던 분이 바로 부모님이 아닙니까.

누구나 늙으면 병들게 마련이고 생명이란 유한한 것이어서 아무리 발버둥쳐봐야 시왕차사를 당할 수 있겠습니까마는 졸지에 활활 타오르던 강인한 눈동자도, 다기찬 모습도 이제 더 이상 맞이할 수가 없게 되었으니 참으로 지난 세월이 원망스럽고 안타깝기가 그지없습니다.

스승의 날도 마찬가지입니다. 미래에 대한 꿈을 심어주시고 용기와 격려를 아끼지 않으셨던 존경하는 스승님께선 지금 어디에서 무얼하며 여생을 보내시는지 안부조차 여쭙지 못한 채 세월을 축내버린 저 자신이 밉고 송구스러워 고개를 들 수가 없습니다.

가만히 생각해보면, 5월은 가족처럼 아니 가족 이상으로 우리를 아껴주고 보살펴준 사람들에 대한 은덕을 기리는, 사랑과 정으로 맺어진 '사랑의 달' 인 것 같습니다. 가족이란 그저 혈연관계로만 맺어진 사람들이 아닙니다. 사랑과 정이 메마른 혈연은 비극적인 관계가 되기 십습니다. 오죽하면 '장화홍련전' 과 같은 고전 소설이 나오고 '잘 사귄 친구 하나, 열 형제 안 부럽다.' 는 속담이 생겼겠습니까.

진정한 가족이란 서로를 이해하고 신뢰하며 사랑으로 맺어진 사람들입니다. 괴롭거나 힘들 때 기댈 수 있는 버팀목이 되는 사람들입니다. 자신을 희생해서라도 상대를 먼저 생각하고 보살피며 아끼는 사람들입니다. 그런 사람들이 함께 만들어 가는 것이 가정입니다.

우리의 삶 속에는 누군가의 보살핌이 그림자처럼 스며 있을 것입니다. 5월은 사람과 사람 사이의 진정한 관계를 소중하게 여기는 사람, 그리고 모든 것을 초월해서 사랑과 정으로 우리를 삶의 중심에 놓아 주신 분들을 기억하고 공경하는 달이 되었으면 좋겠습니다.

나른해지는 봄, 춘곤증을 물리칠 수는 없을까

따뜻한 바람이 불어오는 봄날이 다가왔습니다.

활짝 열어 놓은 창문으로 넘쳐 들어오는 봄 햇살이 우리네 몸과 마음을 나른하게 만들어 놓습니다. 이때가 되면 자주 피곤해지고 오후만 되면 졸린다고 호소하는 사람이 많습니다. 이 시기엔 소화가 잘 안 되고 업무나 일상에도 의욕을 잃어 쉽게 짜증을 내기가 일쑤인데, 봄 햇살에 엿가락처럼 늘어지고 아이스크림처럼 녹을 것 같은 졸음과 무기력, 바로 봄의 불청객인 '춘곤증' 때문이죠.

춘곤증의 대표적인 증상은 몸이 피로해서 기운이 없고 졸음이 쏟아지고 소화불량에 걸리거나 입맛이 없어지며 심해지면 생활 리듬을 깨뜨려 건강을 악화시키는 원인이 될 수 있다는 것을 우리는 경험을 통해 잘 알고 있습니다. 그런데 사람들은 이러한 현상을 두고 '봄을 탄다.' 고 말하곤 합니다. 그렇다면 봄은 왜 타는 걸까요? 이것에 대해 묻는 한 설문조사가 있었습니다. 가장 많은 답은 '현실에서 벗어나고 싶어서' 였다고 합니다. 또 봄을 타는 증상이 어떻게 나타나느냐는 질문에는 '여행 가고 싶어진다.' 가 압도적 1위를, '연애하고 싶어진다.' 가 2위를 차지했다고 합니다.

봄바람에 처녀의 가슴이 설렌다는 말이 있듯이 봄만 되면 봄을 타고 가슴에 살랑살랑 꽃바람이 붑니다. 이유없이 기분도 들뜨고 무언가 하고 싶은 마음이 생기면서 변화무쌍한 봄날씨처럼 감정도 요동이 치는 이유에 대해 전문가들은 봄철, 늘어난 일조량이 우리 몸의 호르몬에 영향을 미치기 때문이라고 설명합니다.

따뜻하고 밝은 햇볕을 많이 쬐게 되면, 우리 뇌 속에서 감정 기복에 영향을 미치는 세라토닌의 수치가 높아져 기분이 좋아지고 편안함과 만족감을 느끼게 된다고 합니다. 반면에 정상 수치보다 낮게 존재할 경우 우울증이나 강박증과 같은 신경질환을 유발할 수 있다고 하는데, 겨울철 우울감이 많이 느껴지는 이유도 햇빛이 줄어들고, 낮이 짧아지면서 우리 뇌가 세라토닌을 분비하는 양이 줄어들기 때문이라는 것입니다.

한편, 동양철학가들은 춘곤증이 오는 이유에 대해 '음양의 기운이 어우러져 생기는 일' 이라며, 음양오행의 원리로 설명하기도 합니다.

봄은 목木의 기운에 해당하여 만물이 움트기〔生〕 때문에 음陰으로 대표되는 여성의 기운이 양陽의 기운에 빠져든다는 것입니다. 이는 '남자는 가을을 탄다.'는 속설에도 설명이 되어 '금金' 기운이 많은 가을은 만물이 '움츠러드는〔肅〕' 계절이라, 양기陽氣가 많은 남성이 가을의 음陰 기운에 빠져든다고 설명합니다. 하지만, 봄을 탄다고 너무 걱정할 필요는 없다는 것이 의학계의 중론입니다. 결국, 봄을 타는 이유는 인간의 생체리듬이 자연과 어우러져 돌아간다는 얘기가 아니겠습니까. 언제 그랬나 싶게 한순간 잠잠해지는 바람처럼, 멀리 떠났다가 집으로 돌아오는 방랑자처럼 시간이 지나면 자연스레 치유되는 것이 춘곤증이라고 하니까 만물이 소생하는 봄을 맞아, 솟구치는 의욕으로 새로운 희망의 싹을 틔워보는 것이 춘곤증을 이기는 길이 아닐까 생각해 봅니다.

삶이란 강물과 같은 것

알렉산드르 푸슈킨의, "삶이 그대를 속일지라도 슬퍼하거나 노여워하지 말라 슬픔의 날은 참고 견디면 기쁨의 날이 오리니 마음은 미래에 살고 현재는 늘 슬픈 것 모든 것은 순간에 지나가고 지나간 것은 다시 그리워지나니…"로 시작되는 시가 있습니다. 이 시는 누구나 한번쯤 읊조려 봤을 정도로 우리에게 친숙한 명작입니다.

그는 이 시를 통하여 절망, 고통, 이별, 희망, 기쁨, 재회가 공존하는 삶의 본질을 받아들여 순응하지 않으면 인간은 균형을 잃고 죽음을 만나게 된다고 노래합니다. 삶의 고달픔을 간명하고 아름답게 위로해줌으로써 세기를 초월하여 지금까지도 많은 사람들에게 애송되고 있습니다. 그런데 물질만능과 속도경쟁, 금융자본주의, 승자독식의 냉혹한 생존게

임이 만연하는 현실을 바라보며 '과연 삶이란 무엇인가?' 란 질문이 머릿속에 맴돕니다.

삶을 한 마디로 정의하기는 어려울 것입니다. 안도현은 《삶의 비밀》이라는 책을 통해 "도대체 삶이란 무엇인가. 삶이란 무엇인가 물어도 물어도 알 수 없어서 자꾸, 삶이란 무엇인가, 삶이란 무엇인가 되묻게 되는 것."이라고 적고 있습니다.

그런가하면, 어떤 이는 "삶이란 뒤돌아보아야 볼 수 있는 걸음걸이"라 했고 또 다른 사람은 "삶은 바람에 날려가 척박한 땅에 뿌리내려 꽃이 되는 민들레 홀씨", "삶은 그토록 오늘을 살기를 바라는 사람들을 대신해 살아가는 대리자들의 여행", "삶은 치열한 전선이다. 나와 싸우고 세상과 싸우고 아픔과 한판 승부를 내야 내일을 맞는 치열한 전쟁이다." 등으로 삶에 대한 생각과 인식이 각각 다르게 나타나는 것만 봐도 삶이란 자신이 처한 환경이나 위치에 따라 그 개념을 달리한다는 것을 알 수가 있습니다.

그런데 삶을 강물에 비유한 어느 철학자의 말은 우리에게 많은 것을 시사하고 있습니다. 그는 우리 모두에게는 각자의 몫으로 주어진 강물이 있고 혼자만의 힘으로 헤엄쳐 건너야만 하는 것이 곧 삶이라고 말하면서, 흐르는 강물은 어느 순간 재빠르게 흘러가 버리기 때문에 허무하고 덧없이 느껴질 때도 있지만 생각해 보면 큰 힘이 되어줄 때가 훨씬 더 많았다고 회고합니다. 행복과 기쁨이 반짝이며 흘러갔지만 슬픔과

우리 모두에게는
각자의 몫으로 주어진 강물이 있고
혼자만의 힘으로
헤엄쳐 건너야만 하는 것이 곧 삶이다

마음을 움직이는 지렛대

고통도 그렇게 흘러가 버렸기 때문에 오히려 다행이라는 것입니다.

류시화 시인이 엮은 《나는 왜 너가 아니고 나인가》라는 책 내용 중, 한 인디언이 자신의 할아버지로부터 들었다는 이야기는 삶에 대한 보다 명확한 해답을 우리에게 주고 있습니다.

"인생에 있어서 아무리 슬프거나 고통스러운 일이 닥쳐도 그것은 곧 흘러가 버리고 말 물방울과 같은 것이며 그 깊은 밑바닥에는 영원히 변치 않는 흐름이 있는 걸 알게 될 거라고 말했다. 또한 사람들이 세상일에 매달리는 것은 이런 이해에 도달하지 못했기 때문이며 그 순간의 일을 전부로 생각하기 때문이라는 것이었다. 그렇게 되면 꿈에 매달려 쫓아가는 사람과 다를 바 없다고 했다."

정리하자면, 삶에 대한 이해가 부족해서 세상일에 매달리고 순간을 전부로 잘못 알고 저지르는 것들이 덧없는 일일 뿐, 모든 것이 강물처럼 흘러가 버리고 바람처럼 지나가 버렸다고 덧없는 것은 아니라는 것입니다.

'삶은 직선이 아니라 곡선' 이라는 법정 스님의 말씀처럼 우리네 삶은 실패와 성공, 그러한 과정을 통한 경험 축적과 새로운 지식의 터득, 또다시 실패와 성공, 다시 그로 인한 배움과 경험, 그렇게 삶은 반복되고 굽이치며 계속됩니다. 그래서 스님은 "가치 있는 삶이란, 욕망을 채우는 삶이 아니라 의미를 채우는 일"이라고 설파하셨는지도 모릅니다.

과거에 대한 집착과 미래에 대한 욕망을 버리자

불기 2553년 부처님 오신 날을 맞이하여 각 사찰에서 봉축 법요식과 연등축제 등 다채로운 행사가 펼쳐지고 있습니다. 부처님의 자비가 온 누리에 깃들고 불성佛性이 모든 이에게 밝게 빛나기를 발원하는 마음에서 임제 스님의 설법과 일화 한 편을 소개하여 드리겠습니다.

임제臨濟(?~867) 스님은 선종사에 있어서 가장 높은 봉우리로 알려져 있습니다. 달마 스님도 육조 스님도 우리나라에서는 임제 스님 다음이라고 합니다. 중국 당나라에서 임제선사가 개종한 임제종은 고려 말 태고太古 보우普愚와 나옹懶翁 혜근惠勤 스님을 통하여 전래하였고 오늘날

조계종에 이르기까지 대표적인 선풍으로 자리 잡았다고 합니다. 그래서 한국 불교의 큰스님들은 임제 스님의 제자라고 할 수 있는데 바로 이 때문에 스님이 입적하면 '빨리 돌아오셔서 임제문중에서 다시 큰일을 밝히시고 길이 인천의 안목이 되어 주십시오.' 라고 축원을 올린다는 것입니다. 그리고 큰스님들의 비석마다 임제 스님의 몇 대 법손이라고 쓰여 있는 것도 임제 스님의 높은 안목과 깨달음에 아무도 범접할 수 없다는 뜻이 내포되어 있다고 합니다.

임제 스님은 말과 행동이 과격해서 부처의 자애로운 모습은 찾을 수가 없었다고 전해집니다. 그러나 한 마디 한 마디 통렬한 사자후를 토해냈던 혁명가였고, 설법과 일화들은 《임제록》으로 묶여 지금까지 선종禪宗의 대표적 어록으로 전해 내려오고 있다고 합니다. 그 《임제록》에 수록된 스님의 법문을 보면 그의 풍격風格을 엿볼 수 있는데, 범상한 사람들이 그냥 읽고 새기기에는 황당하고 어이없는 구절이 더러 있습니다.

"불교를 공부하고 배우는 벗들이여! 법다운 견해와 참다운 지혜를 터득하려면 남에게 끌려 다니면서 미혹(속임)을 당하지 말고 안에서나 밖에서나 마주치는 대로 곧바로 죽여라. 부처를 만나면 부처를 죽이고, 조사를 만나면 조사를 죽이고, 아라한을 만나면 아라한을 죽이고, 부모를 만나면 부모를 죽이고, 친속을 만나면 친속을 죽여라. 그래야, 비로소 그와 같은 모든 것으로부터 다 벗어나서 다른 경계에 구애되지 않고 철저하게 벗어나서 자유자재하게 된다."

우리나라 불교에서는 '계戒(닦음) 정定(마음가짐) 혜慧(슬기)가 있어야 불자라고 합니다. 여기서 슬기(혜)는 바로 바른 앎과 바른 생각을 말합니다. 닦음(계)은 바른말, 바른 행위, 바른 표정을 말하는데 바로 몸〔身〕으로, 입〔口〕으로, 마음〔意〕으로 짓는 일을 말합니다. 그러니까 말과 행동 그리고 그것이 나오도록 하는 마음이 바위처럼 돌기둥처럼 흔들림 없이 하는 것을 닦음(계)이라고 합니다. 그리고 마음가짐(정)이란 항상 바르게 깨어있음을 말합니다.

결국 불가에서는 이 '여덟 가지 바른길' 이 몸과 마음에 배어 익어서 버릇처럼 되었을 때 비로소 '괴로움' 이 일어나지도 않고 괴로움에서 벗어나 자유로울 수 있다고 가르치고 있는데, 부처님이 이와 같은 가르침을 펴신 까닭은, 사람과 사람들이 곧, 세상을 평화롭게 하기 위해서라고 합니다.

그런데 대자비심을 일으켜 일체중생을 제도하고 부처님의 생명존중과 자비를 설법해야 할 스님이 다 '죽이라' 니… 우매한 저로서는 스님의 말씀이 해괴망측하여 앙천대소仰天大笑할 노릇입니다.

하여 스님의 설법에 숨어 있는 그 깊은 뜻이 무엇인지 알아보았더니, 해석이 분분합니다만 한 불교 철학가에 따르면, 부모와 친척은 과거를 상징한다고 합니다. 그러니까 부모 친척을 죽이라는 말은 과거에 대한 집착을 버리라는 뜻이라는 것입니다. 또 부처와 조사와 아라한은 설법을 들으러 오는 사람이 본받고 싶어 하는 미래이니, 그런 미래에 대한 소망과 기대도 버리라는 뜻이라고 합니다.

그러니 풀어보면, 과거에 대한 집착과 미래에 대한 지나친 소망을 버리면 바로 이 자리에서 해탈할 수 있다는 뜻을 담고 있습니다. 또한 부처님이나 조사나 아라한이나 부모나 처자 권속이나 모두가 다 나 아닌 다른 경계이며 내가 미혹을 당할 상대들이라는 것입니다. 따라서 지혜를 유지하려면 다른 사람에게나 나 아닌 다른 경계에 끌려 다니면서 미혹을 당하지 말고 역경계나 순경계나 일체를 부정하고 벗어나야 한다고 말합니다. 그래야, 비로소 해탈이며 나는 나로서 당당하게 나의 삶, 나의 인생이 툭 터져서 자유자재하게 된다는 뜻이라고 합니다.

임제 스님의 설법에 대해 여러 사람의 해석을 토대로 나름대로 정리하고 재해석해 보았습니다. 생각하면 할수록 그 뜻이 깊고 오묘해서 우리 같은 속인들이 부처님의 가르침을 깨닫고 행하는 삶을 살기란 참으로 어려울 것 같다는 생각이 듭니다.

하지만 서로 사랑하고 미워하며, 또 때로 욕망끼리 충돌하고 갈등하며 수많은 번뇌와 집착으로 인한 괴로움이 존재하는 세상이 바로 속세입니다. 자신을 돌이켜서 삿된 마음은 모두 버려서 맑게 비울 때 비로소 불가에서 이야기하는 자비광명의 세상이 열리지 않을까 생각합니다.

나이는 숫자일 뿐이다

79살의 나이로 수상기구 조종면허시험에 합격한 할아버지가 있어 화제입니다. 지난 주말 치러진 동력수상레저기구 조종면허시험에 전국 최고령으로 합격한 강문선 할아버지, 도전에 나이는 숫자에 불과하다는 것을 보여준 좋은 사례입니다.

합격률이 70%에 그칠 정도로 쉽지 않은 시험에, 많은 나이임에도 도전한 이유는, 늘그막에 고기나 잡고 유유자적하며 살다 가고 싶다는 오랜 소망 때문이라고 합니다. 꿈은 이루었지만 과정은 쉽지 않았습니다. 30년 넘게 외국에서 살아온 탓에 우리말과 글이 서툴러 문제지를 읽고 해석하는데 이만저만 고달픈 게 아니었다고 합니다. 결국 이런 노력은 오랜 도전 끝에 합격이라는 열매를 맺었습니다. 강 할아버지는 "늙은 자신도 도전에 성공했다며 젊은 세대에게 끝까지 최선을 다하라."고 당부했다는 기사를 읽고 느끼는 바가 많았습니다.

'나이는 숫자에 불과하다'고 하지만, 나이에 대한 중압감을 느끼지 않고 살기란 말처럼 그리 쉬운 일만은 아닙니다. 특히, 7살 때 모차르트는 첫 심포니를 출판하였다거나, 미국의 '건국의 아버지' 중 한 명이자 미국의 초대 정치인 중 한 명인 벤자민 프랭클린Benjamin Franklin은 26살 때 《가난한 리처드의 연감Poor Richards Almanac》이라는 책을 발간함으로써 대중들로부터 많은 호응을 얻기 시작했습니다. 미국의 이론물리학자 알버트 아인슈타인Albert Einstein이 상대성이론을 발견했을 때는 26살이었고요. 그리고 영국의 여류작가 조앤 K. 롤링Joanne Kathleen Rowling은 32살에 '해리포터' 시리즈를 발표함으로써 백만장자가 되었을 뿐 아니라 2000년에는 영국 여왕으로부터 작위를, 세인트 앤드류스 대학에서 명예 박사학위를 받기도 하였습니다. 뿐만 아니라 2001년 '포브스'가 선정한 전 세계 저명인사 100명 중에서 25위를 차지했으며, 2001년 3월에는 버킹엄 궁에서 찰스 왕세자로부터 대영제국훈장OBE을 수여받았다고 합니다. 이렇듯 젊었을 때 이미 뜻을 이룬 사람들의 이야기를 들으면 더더욱 나이가 들어 꿈을 이룬다는 것은 그야말로 꿈같은 이야기로만 들립니다.

하지만 반평생이 지나고 나서야 인생의 진가를 드러내는 사람들도 많습니다.

동화라는 새로운 문학 장르의 기초를 다진 프랑스 작가 샤를 페로 Charles Perrault가 《빨간 모자》, 《푸른 수염》, 《미녀와 야수》, 《신데렐라》 그리고 《잠자는 숲속의 공주》 등 동화들을 쓰기 시작한 건 60살이 훌쩍 넘어서였습니다. 이탈리아의 현악기 장인 안토니오 스트라디바리 Antonio Stradivari는 그의 나이 60이 되던 1715년경에 전성기를 맞아서 83살에 최고의 걸작 바이올린을 제작했습니다. 프랑스의 인상파 화가 클로드 모네Claude Monet가 수련을 그리기 시작한 건 76살 때부터였으며, 세계적인 지휘 거장 레오폴드 스토코프스키는 94살에 계약기간이 6년인 녹음계약서에 서명을 하였습니다.

이외에도, 비록 나이는 많아도 열정이 있는 삶을 사는 인물들이 많습니다. 1924년생으로 올해 87살인 지미 카터Jimmy Carter 전 미국 대통령은 지금도 국제사회의 평화와 안정회복을 위해 세계 평화의 전도사로서의 역할을 다하고 있습니다. 자신이 쓴 《나이 드는 것의 미덕》이란 책의 마지막 문장을 보면, "후회가 꿈을 대신하는 순간부터 우리는 늙기 시작한다. 늙는 것은 나이와 상관없다. 꿈을 잃으면 나이가 어리고 젊어도 늙은 것이다. 역으로 꿈이 후회를 덮으면 나이는 들지언정 결코 늙지 않는다. 그러니 나이 젊다고 우쭐대지 마라 그러다 녹슨다. 나이 많다고 삶을 내려놓지 마라 아직 끝난 게 아니다."라고 적고 있습니다.

올해로 100세가 되신 방지일 목사님도 행동하지 않는 젊은이들보다 훨씬 왕성한 꿈을 펼쳐 보이고 있는 분들 중 한 분인데 그분의 좌우명은

"닳아 없어질망정 녹슬지 않겠다."입니다.

이러한 사례들을 살펴보건대, "꿈을 꾸고 성취하는 데는 연령제한이 없다."는 말이 실감납니다. 최복현의 《마음의 길동무》라는 책 내용과 같이 '젊음'과 '늙음'이란 오직 마음에 달려 있는 것이듯 나이는 하나의 숫자일 뿐입니다. 젊은 마음으로 편안한 삶을 살 것인가를 고민하기보다는 내가 죽는 날까지 어떤 일을 할 것인가를 고민하면서 사는 것이야말로 바른 삶이라는 것을 깨닫게 됩니다.

미운 정까지 들어야 진실로 친한 관계이다

오늘은 부부의 날입니다.

매년 5월 21일을 '부부의 날'로 제정한 것은 권재도 목사를 비롯한 많은 분들의 애정 어린 노력으로 이루어진 것으로써 가정의 달인 5월에 둘(2)이 하나(1)된다는 의미를 담고 있습니다.

부부 사이는 얼마나 가까우면 '일심동체一心同體'라 하여 촌수도 없고, 평생을 같이할 친구이자 보호자이며, 영원한 동반자라고 하였겠습니까. 그리하여, 부부란 그냥 둘이 결혼했기에 살아가는 것이 아니라 서로 다른 사람이 하나의 삶을 만들기 위해서 서로 의논하고, 서로 이야기하고, 서로 한 뼘이라도 먼저 다가가 사이를 좁히면서 행복을 공동으로 만들어 내는 노력을 해야 한다는 것입니다.

그리고 가정이란, 부부라는 두 마리의 말이 하나의 마차를 끌고 가는 쌍두마차와 같다는 것입니다. 이 말이 의미하는 것은 분명합니다. 만약 어느 한쪽의 생각이 달라 마차의 갈 길이 서로 엇갈린다면 가정이란 마차가 원만하게 제 갈 길을 가지 못할 것임은 너무나 자명한 것입니다. 그래서 부부는 어느 한쪽이 비록 결점이 나타나고 부족함이 보이더라도 서로 이해하고 감싸줄 수 있는 따스한 부부애로서 가정의 난파를 막고 힘찬 항진을 계속할 때 비로소 에덴은 조금씩 그 모습을 느러낼 것이라고 선각자들은 충고하고 있습니다. 그러나 그저 사는 데만 급급하다보니 때로는 쓸데없는 자존심과 사소한 의견 차이로 다투기도 하고, 부부의 따뜻한 정 한번 제대로 나누지 못하고 살아가는 현실들이 안타깝게 생각될 때가 많습니다.

오늘 아침 출근을 하다가 상의 안주머니에 뭔가 들어 있는 느낌이 들어 살며시 펼쳐보았더니 저에 대한 항의의 메시지인 듯한 아내의 짤막한 글 한 편이 들어 있었습니다.

내용인즉, "배우자의 사명은 실패와 실수를 지적하는 것에 있지 않고 실패와 실수를 덮어주는 것에 있습니다. …(중략) 부부는 서로 경쟁하는 여야 관계가 아니고 서로 존중하는 동반자 관계입니다. 삶에 힘겨워하는 반쪽이 축 처진 어깨를 하고 있을 때 나머지 반쪽이 주는 격려의 말 한 마디는 행복한 가정을 지탱하는 든든한 기둥이 될 것입니다. …(중략) 가끔 자녀들이 묻습니다. 엄마! 아빠! 천국은 어떻게 생겼어? 어떤 부부는 말합니다. 그것도 몰라! 우리 집과 같은 곳이 바로 천국이야! 자녀에게 천국의 삶을 보여줄 수 있는 가장 생생한 교육현장은 사랑과 이해와 용서를 앞세워 사는 부부의 모습입니다. 그 모습이 그 부부 및 자녀의 내일에 행복의 주단을 깔게 될 것입니다." 아내의 글을 읽어 내려가는 순간 가슴 이 구석 저 구석 저리고 아픈 곳이 한두 군데가 아니었습니다.

"애증일로愛憎一路라! 사랑하므로 미워하노라!" 김유정의 소설 〈아내〉에 나오는 이 말처럼 부부란 예나 지금이나 미운 정 고운 정 다 들어 토닥거리면서도 살갑게 살아간다고들 하지만 하나인 듯 둘이고, 둘인 듯 하나인 삶. 이러한 삶들을 얼마나 인내하며 사랑으로 보듬어 왔는지, 서로가 상대를 자기 식대로 재단하려 들지는 않았는지, 지나간 부부의 날에는 꽃 한 송이 주고받으며, 따끈한 차 한 잔을 나누어 보았는지… 생각해보면 참으로 무심했습니다.

아무리 '고운 정'으로 시작한 관계라도 시간이 지나면 '미운 정'이라는 관문을 통과할 시기가 오기 마련인가 봅니다. 뒤돌아보면, 지지고 볶고 하는 사이 그 고왔던 시절 다 가고 알게 모르게 미운 정 고운 정 참 많이도 들었습니다.

은희경 작가의 장편소설 《새의 선물》에는 이런 글이 있습니다. "좋아하는 감정은 언제나 고운 정으로 출발하지만 미운 정까지 들지 않으면 그 관계는 오래 지속될 수 없다. 왜냐하면 고운 정보다는 미운 정이 훨씬 너그러운 감정이기 때문이다. 또한 확실한 사랑의 이유가 있는 고운 정은 그 이유가 사라질 때 함께 사라지지만 서로 부대끼는 사이에 조건 없이 생기는 미운 정은 그보다 훨씬 질긴 감정이다."

우리나라 사람들은 정이 깊이 든 관계를 미운 정 고운 정 다 들었다는 말로 표현합니다. 또 우리 속담에 정 각각 흉 각각이라는 말도 있는데 이는 상대의 단점이나 나쁜 행동도 모두 수용할 수 있음을 말합니다.

징글징글 지겹고 얄밉고, 때로는 상대하고 싶지 않을 만큼 밉다가도 돌아서면 아! 밥은 먹었을까…? 좀 아픈 것 같던데 약은 챙겨먹었나…? 이런 생각이 들면 제대로 미운 정이 든 것이라고 하니 부부의 날을 기해 각자 부부관계를 찬찬히 살펴보시고 깊고 진하게 농익어가는 부부의 정을 느껴보시기 바랍니다.

서민의 상징 찔레꽃
부의 상징 장미꽃

장미꽃을 아는 사람은 많아도 찔레꽃을 아는 사람은 그리 많지 않을 것입니다. 그 꽃은 이름 모를 야생화가 가득 채워진 시골 산야나 개울가 언덕바지 구석구석에 피기 때문입니다. 구산면 옥계로 가는 야산에는 하얗게 지천으로 피어 있는 앙증맞은 찔레꽃을 쉽게 만나볼 수 있는데, 얼마 전만 해도 꽃봉오리가 입을 다물고 있더니 어느샌가 꽃이 되어 그 달콤하고 매혹적인 향기가 코끝을 자극할 정도로 짙고, 싱그럽습니다.

양지바른 산사면, 한줌 흙이 있는 곳이라면 심지어 도로변에서도 쉽게 만날 수 있는 찔레꽃. 그 옛날 논둑, 밭둑을 걸어갈라치면 가시 달린 넝쿨이 바쁜 농부들의 가던 발걸음을 붙잡던 성가신 존재, 이름도 가시에 찔리기 쉽다고 해서 '찔레'라는 이름을 얻었다고 합니다. 흔한 만큼 귀한 대접 받는 꽃은 아니지만 이 찔레꽃만 보면 왠지 정감이 더 가는 건 아무래도 제가 시골 출생이라 더 그러한지 모르겠습니다.

"엄마 일 가는 길에 하얀 찔레꽃…"으로 시작되는 이연실의 〈찔레꽃〉 노래는 언제나 들어도 슬프고 애잔합니다. 늘 배고픔을 달고 살던 그 시절, 누구든 시골에서 나고 자란 사람치고 찔레꽃 어린순을 먹어보지 않은 사람은 아마 없을 것입니다. 보릿고개가 절정인 모내기철에 파릇하게 솟아오르는 새순은 배고픔을 잠시 잊게 해 주던 아이들의 주전부리였습니다.

그런 찔레꽃이 이즈음 뭉게뭉게 피어나 소박한 아름다움을 발산하고 있습니다. 소담한 자태와 매혹적인 찔레꽃 향기에 흠뻑 빠져 잠시 옛 추억에 잠겨 있노라니, 유년시절 푸른 보리밭 장다리 핀 들길을 따라 나들이 가던 날에 할머니께서 꺾어주신 찔레순을 먹으며 뛰놀던 동심이 새록새록 깨어나는 듯했습니다.

찔레꽃은 생물 분류학상 장미과에 속합니다. 찔레꽃은 질박하다고 해서 서민을 상징하는 반면, 장미꽃은 아름다움과 부를 상징합니다. 요즘 한창 넝쿨을 타고 붉게 피어나는 장미꽃은 참 화사합니다.

장미의 아름다움은 아주 오래 전부터 찬미되어 왔습니다. 장미꽃이 영원한 아름다움과 신비의 상징인 사랑과 미의 여신 비너스Venus의 탄생과 함께 태어났다는 전설도 있습니다. 클레오파트라Cleopatra는 장미

향수, 장미목욕 등 생활 속에서 많은 장미를 사용하였다고 합니다. 특히 연인인 안토니우스가 참석하는 연회 때에는 당시 금액으로 1타랑(현재 미화로 13,000달러)을 들여 마룻바닥에 약 1m 높이의 장미를 깔았다고 전해집니다. 훗날 클레오파트라에게 빠진 안토니우스Marcus Antonius는 시저Julius Caesar에게 패하여 죽을 때, 자신의 무덤에 장미를 뿌려달라고 할 정도로 장미의 아름다움이 묘사되어 있으며, 우리나라에서도 신라시대 신하들이 장미를 그려 임금에게 바치고 장미를 재배한 사실이 기록되어 있다고 합니다.

장미에 얽힌 전설은 또 있습니다. 빨간 장미가 등장한 것은, 남녀의 사랑을 주관하는 신 큐피드Cupid의 피가 흰 장미에 뿌려졌기 때문이라고 합니다. 장미에 가시가 생긴 것은, 비너스의 아들인 큐피드가 어느 날 장미꽃의 아름다움에 반해 장미꽃에 입맞춤을 하려는 순간 장미꽃 안에 숨어 있던 벌이 나와 큐피드의 입술을 쏘아 버렸습니다. 이에 화가 난 비너스는 벌들의 침을 모두 뽑아 장미의 줄기에 붙여 버렸습니다. 이것이 장미 가시가 되었다는 재미있는 전설입니다.

또한 장미가 침묵과 비밀을 상징하는 이유는, 사랑의 신 큐피드가 침묵의 신인 하포크라테스Harpocrates에게 장미 한 송이를 선사하면서 어머니인 비너스의 로맨스를 누설하지 말아달라고 부탁하였는데, 그 후 장미는 밀회의 비밀을 지켜주는 꽃이 되었다고 전해집니다. 재미있는 것은, 이 때문에 지금도 로마에서는 천장에 장미가 조각되어 있는 공간에서 주고받는 이야기는 절대 비밀을 지키는 관습이 생겼다고 합니다.

그러고 보니, 장미는 아름다움과 사랑, 비밀이라는 세상에서 가장 달콤한 뜻을 가진 꽃이 되었으니 장미가 '꽃의 여왕' 이라는 칭호는 공연히 얻어진 것이 아닌 듯합니다. 이리저리 꺾이고 오르막과 내리막이 교차하면서 산행의 재미를 더하는 무학산 둘레길이나 사람들이 많이 찾는 비치로드 주변에 붉은 장미와 하얀 찔레꽃을 심어 아름다운 추억과 생생한 이야기가 피어나는 테마거리로 만들어보면 어떻겠습니까?

마음을 움직이는 지렛대

펴낸날 | 2011년 7월 8일

엮은이 | 조 광 일
펴낸이 | 오 하 룡

펴낸곳 | 도서출판 경남
주 소 | 창원시 마산합포구 남성로 42
연락처 | (055)245-8818~9/223-4343(f)
홈페이지 | www.gnbook.com
전자메일 | gnbook@empal.com
출판등록 | 제2호(1985. 5. 6.)
편집팀 | 오태민 | 심경애 | 구도희

ISBN 978-89-7675-699-2-03810

〔값 13,000원〕